中华人民共和国行业标准

公路工程质量检验评定标准
第二册　机电工程

Inspection and Evaluation Quality Standards for Highway Engineering
Section 2　Electrical and Mechanical Engineering

JTG 2182—2020

主编单位：交通运输部公路科学研究院
批准部门：中华人民共和国交通运输部
实施日期：2021 年 03 月 01 日

人民交通出版社股份有限公司
北　京

图书在版编目（CIP）数据

公路工程质量检验评定标准．第二册，机电工程 ：JTG 2182—2020 / 交通运输部公路科学研究院主编．— 北京 ：人民交通出版社股份有限公司，2020. 12

ISBN 978-7-114-16987-8

Ⅰ. ①公… Ⅱ. ①交… Ⅲ. ①道路工程—质量检验—标准—中国②道路工程—机电工程—质量检验—标准—中国 Ⅳ. ①U415. 12-65

中国版本图书馆 CIP 数据核字（2020）第 258470 号

标准类型：中华人民共和国行业标准
标准名称：公路工程质量检验评定标准　第二册　机电工程
标准编号：JTG 2182—2020
主编单位：交通运输部公路科学研究院
责任编辑：吴有铭　王海南
责任校对：刘　芹
责任印制：刘高彤
出版发行：人民交通出版社股份有限公司
地　　址：（100011）北京市朝阳区安定门外外馆斜街 3 号
网　　址：http：//www. ccpcl. com. cn
销售电话：（010）85285857
总 经 销：人民交通出版社股份有限公司发行部
经　　销：各地新华书店
印　　刷：北京市密东印刷有限公司
开　　本：880 × 1230　1/16
印　　张：8. 25
字　　数：166 千
版　　次：2021 年 1 月　第 1 版
印　　次：2024 年 11 月　第 3 次印刷
书　　号：ISBN 978-7-114-16987-8
定　　价：60. 00 元
（有印刷、装订质量问题的图书，由本公司负责调换）

中华人民共和国交通运输部

公　　告

第 97 号

交通运输部关于发布《公路工程质量检验评定标准　第二册　机电工程》的公告

现发布《公路工程质量检验评定标准　第二册　机电工程》(JTG 2182—2020)，作为公路工程行业标准，自 2021 年 3 月 1 日起施行。原《公路工程质量检验评定标准　第二册　机电工程》(JTG F80/2—2004)同时废止。

《公路工程质量检验评定标准　第二册　机电工程》(JTG 2182—2020)的管理权和解释权归交通运输部，日常管理和解释工作由主编单位交通运输部公路科学研究院负责。

请各有关单位注意在实践中总结经验，及时将发现的问题和修改建议函告交通运输部公路科学研究院（地址：北京市海淀区西土城路 8 号，邮编：100088)，以便修订时研用。

特此公告。

中华人民共和国交通运输部

2020 年 12 月 14 日

交通运输部办公厅　　2020 年 12 月 18 日印发

前　言

根据交通运输部办公厅《关于下达2011年度公路工程标准制修订项目计划的通知》（厅公路字〔2011〕115号）的要求，交通运输部公路科学研究院作为主编单位承担《公路工程质量检验评定标准　第二册　机电工程》（JTG F80/2—2004）（以下简称"原标准"）的修订工作。

近十余年来，大量新产品、新技术和新工艺在我国公路机电工程中得到了广泛应用，促进了公路机电工程的不断发展。编写组通过对公路机电工程建设单位、设计单位、施工单位、监理单位和检测单位的调研，对原标准进行了全面修订。

本标准包括9章和4个附录，内容包括：1总则、2术语、3基本规定、4监控设施、5通信设施、6收费设施、7供配电设施、8照明设施、9隧道机电设施、附录A机电工程分项工程划分表、附录B工程质量检验评定用表、附录C机电工程外观质量限制缺陷、附录D通信管道试通的检验与评定。

本次修订的主要内容包括：

1. 调整了机电工程分项工程检查频率，增加了质量保证资料相关要求。

2. 监控设施分部工程增加了道路视频交通事件检测系统和交通情况调查设施。气象检测器分项工程增加了路面状态检测器功能，闭路电视监视系统分项工程增加了高清视频信号的传输通道指标。

3. 通信设施分部工程增加了IP网络系统、波分复用（WDM）光纤传输系统和固定电话交换系统。通信管道与光、电缆线路分项工程调整为通信管道工程和通信光缆、电缆线路工程2个分项工程，删除了无线移动通信系统、紧急电话系统。

4. 收费设施分部工程增加了ETC专用车道设备及软件、ETC门架系统、超限检测系统和联网收费管理中心（收费中心）设备及软件。入口车道设备和出口车道设备分项工程改为入口混合车道设备及软件和出口混合车道设备及软件分项工程。

5. 低压配电设施分部工程改为供配电设施分部工程，增加了中压配电设备、中压设备电力电缆、电动汽车充电系统、风/光供电系统和电力监控系统。

6. 照明设施分部工程划分为路段照明设施、收费广场照明设施、服务区照明设施和收费天棚照明设施4个分项工程，新增亮度、亮度纵向均匀度等检查项目。

7. 隧道机电设施分部工程增加了隧道视频交通事件检测系统和轴流风机。报警与诱导设施分项工程调整为手动火灾报警系统、电光标志和发光诱导设施3个分项工程，自动火灾报警系统单列为1个分项工程，紧急电话系统分项工程调整为紧急电话与有线广播系统分项工程。

本标准由刘玉新负责起草第1、2章，张智勇负责起草第3章，方正鹏、黄晨负责起草第 4 章，朱传征、王磊负责起草第 5 章，朱立伟、储诚赞负责起草第 6 章，陈建负责起草第 7 章，杨勇负责起草第 8 章，于江浩负责起草第 9 章，田丽萍负责起草附录。

请各有关单位在执行过程中，将发现的问题和意见函告本标准日常管理组，联系人：刘玉新（地址：北京市海淀区西土城路 8 号，交通运输部公路科学研究院，邮政编码：100088；电话：010-62071807，传真：010-62017616；电子邮箱：yx. liu@ rioh. cn），以便下次修订时参考。

主 编 单 位： 交通运输部公路科学研究院

参 编 单 位： 中路高科交通检测检验认证有限公司
广东省交通集团有限公司
中国公路工程咨询集团有限公司

主　　编： 刘玉新

主要参编人员： 张智勇　朱传征　朱立伟　方正鹏　王　磊　陈　建
于江浩　杨　勇　储诚赞　黄　晨　田丽萍

主　　审： 顾新民

参与审查人员： 成　平　张建军　张慧彧　刘　硕　王树威　王　辉
苏鹤俊　李剑平　杨晓东　邹小春　彭　森　张建超
刘振全　梁家林　张　洋　丁　荣　岳云涛　尹　林
陈日强　顾剑平

参 加 人 员： 李洪琴　孙　岳　李　伟　夏　堃　张子玉　张　萌
汪　成　那　然　燕　凌　丁伟智　王　峣　崔晗晶
张　翊　王晓双　魏丽彬　张阗田

目　次

1　总则 …… 1

2　术语 …… 2

3　基本规定 …… 3

3.1　一般规定 …… 3

3.2　工程质量检验 …… 3

3.3　工程质量评定 …… 4

4　监控设施 …… 6

4.1　车辆检测器 …… 6

4.2　气象检测器 …… 7

4.3　闭路电视监视系统 …… 9

4.4　可变标志 …… 12

4.5　道路视频交通事件检测系统 …… 14

4.6　交通情况调查设施 …… 15

4.7　监控（分）中心设备及软件 …… 16

4.8　大屏幕显示系统 …… 18

4.9　监控系统计算机网络 …… 19

5　通信设施 …… 21

5.1　通信管道工程 …… 21

5.2　通信光缆、电缆线路工程 …… 22

5.3　同步数字体系（SDH）光纤传输系统 …… 23

5.4　IP网络系统 …… 25

5.5　波分复用（WDM）光纤传输系统 …… 27

5.6　固定电话交换系统 …… 28

5.7　通信电源系统 …… 30

6　收费设施 …… 32

6.1　入口混合车道设备及软件 …… 32

6.2　出口混合车道设备及软件 …… 36

6.3　ETC专用车道设备及软件 …… 41

6.4　ETC门架系统 …… 44

6.5　收费站设备及软件 …… 47

6.6　收费分中心设备及软件 …… 49

6.7　联网收费管理中心（收费中心）设备及软件 …… 50
6.8　IC 卡发卡编码系统 …… 51
6.9　内部有线对讲及紧急报警系统 …… 52
6.10　超限检测系统 …… 53
6.11　闭路电视监视系统 …… 55
6.12　收费站区光缆、电缆线路工程 …… 59
6.13　收费系统计算机网络 …… 60
7　供配电设施 …… 62
7.1　中压配电设备 …… 62
7.2　中压设备电力电缆 …… 68
7.3　中心（站）内低压配电设备 …… 69
7.4　低压设备电力电缆 …… 72
7.5　风/光供电系统 …… 73
7.6　电动汽车充电系统 …… 74
7.7　电力监控系统 …… 74
8　照明设施 …… 77
8.1　路段照明设施 …… 77
8.2　收费广场照明设施 …… 78
8.3　服务区照明设施 …… 79
8.4　收费天棚照明设施 …… 80
9　隧道机电设施 …… 81
9.1　车辆检测器 …… 81
9.2　闭路电视监视系统 …… 81
9.3　紧急电话与有线广播系统 …… 81
9.4　环境检测设备 …… 83
9.5　手动火灾报警系统 …… 84
9.6　自动火灾报警系统 …… 84
9.7　电光标志 …… 85
9.8　发光诱导设施 …… 85
9.9　可变标志 …… 86
9.10　隧道视频交通事件检测系统 …… 86
9.11　射流风机 …… 87
9.12　轴流风机 …… 88
9.13　照明设施 …… 89
9.14　消防设施 …… 90
9.15　本地控制器 …… 91
9.16　隧道管理站设备及软件 …… 92

9.17　隧道管理站计算机网络 …… 94
9.18　供配电设施 …… 94
附录 A　机电工程分项工程划分表 …… 95
附录 B　工程质量检验评定用表 …… 98
附录 C　机电工程外观质量限制缺陷 …… 101
附录 D　通信管道试通的检验与评定 …… 102
本标准用词用语说明 …… 103
附件　《公路工程质量检验评定标准　第二册　机电工程》（JTG 2182—2020）
条文说明 …… 105
1　总则 …… 107
3　基本规定 …… 108
4　监控设施 …… 109
5　通信设施 …… 111
6　收费设施 …… 113
7　供配电设施 …… 115
8　照明设施 …… 117
9　隧道机电设施 …… 119

1 总则

1.0.1 为加强公路机电工程质量管理，规范公路机电工程施工质量的检验评定，统一工程质量检验标准和评定标准，保证工程质量，制定本标准。

1.0.2 本标准适用于各等级公路新建与改扩建机电工程施工质量的检验评定。

1.0.3 公路机电工程各分项工程抽样检查频率应符合下列要求：施工单位自检为100%；监理单位抽检不低于30%；检测单位交工质量检测不低于30%，竣工质量鉴定不低于10%。测点数应不少于3个；当测点数少于3个时，应全部检查。

1.0.4 对特殊地区或采用新产品、新技术、新工艺的机电工程，当本标准中缺乏适宜的质量检验标准时，可参照相关技术标准、设计文件或根据实际情况制定相应的质量检验标准，并报主管部门批准。

1.0.5 公路机电工程质量检验评定除应符合本标准的规定外，尚应符合国家和行业现行有关标准的规定。

2　术语

2.0.1　检验　inspection

对被检查项目的特征和性能进行检查、检测、试验等，并将结果与标准规定的要求进行比较，以判定其是否合格所进行的活动。

2.0.2　评定　evaluation

对分项工程、分部工程、单位工程和合同段工程的质量进行检验，并确定其工程质量等级的活动。

2.0.3　关键项目　dominant item

分项工程中对设备安全、耐久性和主要使用功能起决定性作用的检查项目，在本标准中以“△”标识。

2.0.4　一般项目　general item

分项工程中除关键项目以外的检查项目。

2.0.5　外观质量　quality of appearance

公路机电工程各设施在运行状态下，通过观察和必要的量测所反映的工程外在质量。

3 基本规定

3.1 一般规定

3.1.1 公路工程质量检验评定应按分项工程、分部工程、单位工程逐级进行，并应符合下列规定：

1 在合同段中，具有独立施工条件和功能的工程为单位工程。

2 在单位工程中，按系统功能划分的工程为分部工程。

3 在分部工程中，根据设备类型、功能等划分的工程为分项工程。

3.1.2 单位工程、分部工程和分项工程应按本标准附录A进行划分。

3.1.3 公路工程质量检验评定应符合下列规定：

1 分项工程完工后，应根据本标准进行检验，对工程质量进行评定。隐蔽工程在隐蔽前应检查合格。

2 分部工程、单位工程完工后，应汇总评定所属分项工程、分部工程质量资料，对工程质量进行评定。

3.2 工程质量检验

3.2.1 分项工程应按基本要求、实测项目、外观质量和质量保证资料等检验项目分别检查。

3.2.2 分项工程质量应在所使用的设备、配件及施工控制要点等符合基本要求的规定，无外观质量限制缺陷且质量保证资料真实齐全时，方可进行检验评定。

3.2.3 基本要求检查应符合下列规定：

1 分项工程应对所列基本要求逐项检查，经检查不符合规定时，不得进行工程质量的检验评定。

2 分项工程所用的各种设备、配件的型号、规格、数量及质量应符合合同要求及有关技术标准规定。

3.2.4　实测项目检验应符合下列规定：

1　对检查项目按规定的检查方法和频率进行随机抽样检验并计算合格率。

2　应按式（3.2.4）计算检查项目合格率：

$$\text{检查项目合格率}=\frac{\text{合格的点（组）数}}{\text{该检查项目的全部检查点（组）数}}\times 100\% \tag{3.2.4}$$

3.2.5　检查项目合格判定应符合下列规定：

1　施工单位和监理单位在工程完工后进行质量检验时，所有项目合格率应为100%，否则应进行整修或返工处理直至符合要求后再进行交工质量检测。

2　检测单位在进行交工质量检测和竣工质量鉴定时，关键项目的合格率应为100%，否则该检查项目为不合格；一般项目的合格率应不低于90%，否则该检查项目为不合格。

3.2.6　外观质量应进行全面检查，并满足规定要求，否则该检验项目为不合格。

3.2.7　工程应有真实、准确、齐全、完整的施工原始记录、试验检测数据、质量检验结果等质量保证资料。质量保证资料应包括下列内容：

1　设备和材料报验资料，包括产品出厂检验合格证明和有资质的检测机构出具的合格检测报告；

2　所用主要原材料、设备的现场抽查质量检验结果，包括施工单位委托送样及监理单位抽检委托送样的检验报告；

3　设备和软件安装调试记录；

4　隐蔽工程验收记录及施工影像资料；

5　施工过程中的检验测试记录，包括施工单位的自检记录和监理单位的抽检记录；

6　施工结束后的检验测试记录；

7　其他应具备的资料，包括施工过程中遇到的非正常情况记录、根据工程实际情况必须具备的相关行业检测验收文件等。

3.3　工程质量评定

3.3.1　工程质量评定等级应分为合格与不合格。

3.3.2　分项工程、分部工程、单位工程质量评定应有符合本标准附录 B 规定的资料。

3.3.3　分项工程质量评定合格应符合下列规定：

1　基本要求应符合规定。

2　外观质量应满足要求。
3　检验记录应完整。
4　实测项目应合格。

3.3.4　分部工程质量评定合格应符合下列规定：
1　评定资料应完整。
2　所含分项工程评定应合格。

3.3.5　单位工程质量评定合格应符合下列规定：
1　评定资料应完整。
2　所含分部工程评定应合格。

3.3.6　所含单位工程合格，该合同段的工程质量评定为合格；所含合同段的工程质量合格，该建设项目的工程质量评定为合格。

4　监控设施

4.1　车辆检测器

4.1.1　车辆检测器应符合下列基本要求：

1　车辆检测器设备根据类型应符合现行《环形线圈车辆检测器》(GB/T 26942)、《地磁车辆检测器》(GB/T 35548)、《交通信息采集　微波交通流检测器》(GB/T 20609)、《交通信息采集　视频车辆检测器》(GB/T 24726) 等相关标准的规定。

2　车辆检测器设备及配件的型号规格、数量应符合合同要求，部件完整。

3　车辆检测器安装结构应稳定，机箱外部完整。

4　车辆检测器传感器安装应符合设计要求，检测区域正确。

5　全部设备安装调试完毕，车辆检测器应处于正常工作状态。

4.1.2　车辆检测器实测项目应符合表 4.1.2 的规定。

表 4.1.2　车辆检测器实测项目

项次	检查项目	技术要求	检查方法
1	基础尺寸	符合设计要求，允许偏差：(－50，＋100) mm	长、宽用卷尺测量，埋深查隐蔽工程验收记录或实测
2	机箱、立柱防腐涂层厚度	符合设计要求，无要求时符合现行 GB/T 18226 的规定	涂层测厚仪测量
3	立柱竖直度（微波、视频、超声波车辆检测器）	≤5mm/m	全站仪或竖直度测量仪测量
4△	绝缘电阻	强电端子对机壳≥50MΩ	500V 绝缘电阻测试仪测量
5△	保护接地电阻	≤4Ω	接地电阻测量仪测量
6△	防雷接地电阻（微波、视频、超声波车辆检测器）	≤10Ω	接地电阻测量仪测量
7△	共用接地电阻	如外场设备的保护接地体和防雷接地体未分开设置，则共用接地电阻≤1Ω	接地电阻测量仪测量
8△	车流量相对误差	线圈、地磁：≤2%； 微波、视频、超声波：≤5%	人工计数测量与采集结果比较

续表 4.1.2

项次	检查项目	技术要求	检查方法
9	车速相对误差	≤5%	测速仪测量与采集结果比较，取各检测车辆车速误差绝对值和的平均值
10△	传输性能	24h 观察时间内失步现象≤1 次或 BER≤10^{-8}；以太网传输丢包率≤0.1%	数据传输测试仪或网络测试仪测量
11△	自检功能	自动检测设备运行状态，故障时实时上传故障信息	功能验证
12△	复原功能	加电后，设备能自动恢复到正常通信状态，并被上位机或控制系统识别，断电或故障前存储数据保持不变	功能验证
13	本地操作与维护功能	能够与便携机连接进行检测和维护	功能验证

4.1.3 车辆检测器外观质量应符合下列规定：

1 不应存在本标准附录 C 所列限制缺陷。

4.2 气象检测器

4.2.1 气象检测器应符合下列基本要求：

1 气象检测器设备应符合现行《公路交通气象监测设施技术要求》(GB/T 33697)等相关标准的规定。

2 气象检测器设备及配件的型号规格、数量应符合合同要求，部件完整。

3 气象检测器安装结构应稳定，主机箱外部完整。

4 探头安装高度、方位和尺寸应符合设计要求。

5 全部设备安装调试完毕，气象检测器应处于正常工作状态。

4.2.2 气象检测器实测项目应符合表 4.2.2 的规定。

表 4.2.2 气象检测器实测项目

项次	检查项目	技术要求	检查方法
1	基础尺寸	符合设计要求，允许偏差：(-50，+100) mm	长、宽用卷尺测量，埋深查隐蔽工程验收记录或实测
2	机箱、立柱防腐涂层厚度	符合设计要求，无要求时符合现行 GB/T 18226 的规定	涂层测厚仪测量

续表 4.2.2

项次	检查项目	技术要求	检查方法
3	立柱竖直度	≤5mm/m	全站仪或竖直度测量仪测量
4△	绝缘电阻	强电端子对机壳≥50MΩ	500V 绝缘电阻测试仪测量
5△	保护接地电阻	≤4Ω	接地电阻测量仪测量
6△	防雷接地电阻	≤10Ω	接地电阻测量仪测量
7△	共用接地电阻	如外场设备的保护接地体和防雷接地体未分开设置，则共用接地电阻≤1Ω	接地电阻测量仪测量
8△	环境检测性能	8.1　温度检测器测量误差：±1.0℃	测量与采集结果比较
		8.2　湿度检测器测量误差：±5% RH	
		8.3　能见度检测器测量误差：±10% 或符合设计要求	
		8.4　风速检测器测量误差：±5% 或符合设计要求	
9△	数据传输性能	24h 观察时间内失步现象≤1 次或 BER≤10^{-8}；以太网传输丢包率≤0.1%	数据传输测试仪或网络测试仪测量
10	降雨检测功能	能检测到降水量	功能验证或查看历史记录
11	路面状况检测功能	能检测路面干燥、潮湿、积水、积雪、结冰等状况	功能验证
12△	自检功能	自动检测设备运行状态，故障时实时上传故障信息	功能验证
13△	复原功能	加电后，设备能自动恢复到正常通信状态，并被上位机或控制系统识别，断电或故障前存储数据保持不变	功能验证
14	本地操作与维护功能	能够与便携机连接进行检测和维护	功能验证

4.2.3 气象检测器外观质量应符合下列规定：

1　不应存在本标准附录 C 所列限制缺陷。

4.3 闭路电视监视系统

4.3.1 闭路电视监视系统应符合下列基本要求：

1 闭路电视监视系统设备应符合现行《视频矩阵》（JT/T 897）等相关标准的规定。

2 闭路电视监视系统设备及配件的型号规格、数量应符合合同要求，部件完整。

3 外场摄像机安装结构应稳定，立柱安装竖直、牢固。

4 摄像机（云台）安装方位、高度应符合设计要求。

5 全部设备安装调试完毕，系统应处于正常工作状态。

4.3.2 闭路电视监视系统实测项目应符合表 4.3.2 的规定。

表 4.3.2 闭路电视监视系统实测项目

<table>
<tr><th colspan="2">项次</th><th colspan="2">检查项目</th><th>技术要求</th><th>检查方法</th></tr>
<tr><td colspan="2">1</td><td colspan="2">基础尺寸</td><td>符合设计要求，允许偏差：(－50，＋100）mm</td><td>长、宽用卷尺测量，埋深查隐蔽工程验收记录或实测</td></tr>
<tr><td colspan="2">2</td><td colspan="2">机箱、立柱防腐涂层厚度</td><td>符合设计要求，无要求时符合现行 GB/T 18226 的规定</td><td>涂层测厚仪测量</td></tr>
<tr><td colspan="2">3</td><td colspan="2">立柱竖直度</td><td>≤5mm/m</td><td>全站仪或竖直度测量仪测量</td></tr>
<tr><td colspan="2">4△</td><td colspan="2">绝缘电阻</td><td>强电端子对机壳≥50MΩ</td><td>500V 绝缘电阻测试仪测量</td></tr>
<tr><td colspan="2">5△</td><td colspan="2">保护接地电阻</td><td>≤4Ω</td><td>接地电阻测量仪测量</td></tr>
<tr><td colspan="2">6△</td><td colspan="2">防雷接地电阻</td><td>≤10Ω</td><td>接地电阻测量仪测量</td></tr>
<tr><td colspan="2">7△</td><td colspan="2">共用接地电阻</td><td>如外场设备的保护接地体和防雷接地体未分开设置，则共用接地电阻≤1Ω</td><td>接地电阻测量仪测量</td></tr>
<tr><td rowspan="5">8</td><td rowspan="5">传输通道指标</td><td rowspan="5">8.1 标清模拟复合视频信号</td><td>△8.1.1 视频电平</td><td>(700±30）mV</td><td>信号发生器发送 75% 彩条信号或 2T 正弦平方波和条脉冲信号，用视频测试仪测量</td></tr>
<tr><td>△8.1.2 同步脉冲幅度</td><td>(300±20）mV</td><td>信号发生器发送 75% 彩条信号或 2T 正弦平方波和条脉冲信号，用视频测试仪测量</td></tr>
<tr><td>△8.1.3 回波 E</td><td><7%</td><td>信号发生器发送 2T 正弦平方波和条脉冲信号，用视频测试仪测量</td></tr>
<tr><td>8.1.4 亮度非线性</td><td>≤5%</td><td>信号发生器发送非调制五阶梯信号，用视频测试仪测量</td></tr>
<tr><td>8.1.5 色度/亮度增益不等</td><td>±5%</td><td>信号发生器发送副载波填充的 10T 信号或副载波填充的条脉冲信号，用视频测试仪测量</td></tr>
</table>

续表 4.3.2

项次		检查项目		技术要求	检查方法
8	传输通道指标	8.1　标清模拟复合视频信号	8.1.6　色度/亮度时延差	≤100ns	信号发生器发送副载波填充的10T信号或副载波填充的条脉冲信号，用视频测试仪测量
			8.1.7　微分增益	≤10%	信号发生器发送调制五阶梯信号，用视频测试仪测量
			8.1.8　微分相位	≤10°	信号发生器发送调制五阶梯信号，用视频测试仪测量
			△8.1.9　幅频特性（5.8MHz 带宽内）	±2dB	信号发生器发送 sinx/x 信号，用视频测试仪测量
			△8.1.10　视频信噪比（加权）	≥56dB	信号发生器发送多波群信号，用视频测试仪测量
		8.2　高清 Y、C_R（P_R）、C_B（P_B）视频信号	△8.2.1　Y 信号输出量化误差	-10% ~ +10%	数字信号发生器发送高清晰度2T脉冲和条幅信号，用数字视频测试仪测量
			△8.2.2　C_R（P_R）信号输出量化误差	-10% ~ +10%	数字信号发生器发送高清晰度2T脉冲和条幅信号，用数字视频测试仪测量
			△8.2.3　C_B（P_B）信号输出量化误差	-10% ~ +10%	数字信号发生器发送高清晰度2T脉冲和条幅信号，用数字视频测试仪测量
			△8.2.4　Y 信号幅频特性	30MHz 带宽内 ±3dB	数字信号发生器发送高清晰度多波群信号或 sinx/x 信号，用数字视频测试仪测量
			8.2.5　Y、C_B(P_B)、C_R(P_R) 信号的非线性失真	≤5%	数字信号发生器发送高清晰度五阶梯波信号，用数字视频测试仪测量
			△8.2.6　亮度通道的线性响应（Y 信号的 K 系数）	≤3%	数字信号发生器发送高清晰度2T脉冲和条幅信号，用数字视频测试仪测量
			8.2.7　Y/C_B(Y/P_B)、Y/C_R（Y/P_R）信号时延差	±10ns	数字信号发生器发送高清晰度彩条信号，用数字视频测试仪测量

续表 4.3.2

项次	检查项目			技术要求	检查方法
8	传输通道指标	8.2 高清Y、$C_R(P_R)$、$C_B(P_B)$视频信号	△8.2.8 Y、$C_B(P_B)$、$C_R(P_R)$信号的信噪比（加权）	≥56dB	数字信号发生器发送静默行信号，用数字视频测试仪测量
		8.3 高清G、B、R视频信号	△8.3.1 G信号输出量化误差	-10%～+10%	数字信号发生器发送高清晰度2T脉冲和条幅信号，用数字视频测试仪测量
			△8.3.2 B信号输出量化误差	-10%～+10%	数字信号发生器发送高清晰度2T脉冲和条幅信号，用数字视频测试仪测量
			△8.3.3 R信号输出量化误差	-10%～+10%	数字信号发生器发送高清晰度2T脉冲和条幅信号，用数字视频测试仪测量
			△8.3.4 G/B/R信号幅频特性	30MHz带宽内±3dB	数字信号发生器发送高清晰度多波群信号或sinx/x信号，用数字视频测试仪测量
			8.3.5 G、B、R信号的非线性失真	≤5%	数字信号发生器发送高清晰度五阶梯波信号，用数字视频测试仪测量
			△8.3.6 亮度通道的线性响应（G、B、R信号的K系数）	≤3%	数字信号发生器发送高清晰度2T脉冲和条幅信号，用数字视频测试仪测量
			8.3.7 G/B、G/R、B/R信号时延差	±10ns	数字信号发生器发送高清晰度彩条信号，用数字视频测试仪测量
			△8.3.8 G、B、R信号的信噪比	≥56dB	数字信号发生器发送静默行信号，用数字视频测试仪测量
9	监视器画面指标△	9.1 标清模拟复合视频信号	9.1.1 雪花	≥4分	人工（不少于3人）主观评分
			9.1.2 网纹	≥4分	
			9.1.3 黑白滚道	≥4分	
			9.1.4 跳动	≥4分	
		9.2 高清视频信号	9.2.1 失真	≥4分	
			9.2.2 拖尾	≥4分	
			9.2.3 跳帧	≥4分	
			9.2.4 抖动	≥4分	
			9.2.5 马赛克	≥4分	

续表 4.3.2

项次	检查项目		技术要求	检查方法
10△	数据传输性能	10.1　IP 网络吞吐率	满足设计文件中编码器最大码流要求，无要求时 1 518 帧长≥99%	以太网性能测试仪测量
		10.2　IP 网络传输时延	符合设计要求，无要求时：≤10ms	以太网性能测试仪测量
		10.3　IP 网络丢包率	不大于 70% 流量负荷时：≤0.1%	以太网性能测试仪测量
11△	云台水平转动角度		水平：≥350°	实操检验
12△	云台垂直转动角度		上仰≥15°，下俯≥90°	实操检验
13△	监视范围		符合设计要求	实操检验
14△	外场摄像机安装稳定性		受大风影响或接受变焦、转动等操控时，画面动作平滑、无抖动	实操检验
15	自动光圈调节		自动调节	实操检验
16	调焦功能		快速自动聚焦	功能验证
17	变倍功能		可对摄像机镜头的放大倍数进行调整	功能验证
18△	切换功能		监控终端可切换系统内任何摄像机	功能验证
19	录像功能		可录像，且录像回放清晰	功能验证
20△	复原功能		加电后，设备能自动恢复到正常通信状态，能与上位机或控制系统连接，并可靠工作	功能验证

注：主观评分可采用五级损伤制评定。
（1）图像上不觉察有损伤或干扰存在：5 分。
（2）图像上稍有可觉察的损伤或干扰存在：4 分。
（3）图像上有明显的损伤或干扰存在：3 分。
（4）图像上损伤或干扰较严重：2 分。
（5）图像上损伤或干扰极严重：1 分。

4.3.3　闭路电视监视系统外观质量应符合下列规定：

1　不应存在本标准附录 C 所列限制缺陷。

4.4　可变标志

4.4.1　可变标志应符合下列基本要求：

1　可变标志设备根据类型应符合现行《高速公路 LED 可变信息标志》（GB/T 23828）、

《高速公路LED可变限速标志》（GB 23826）、《道路交通信号灯》（GB 14887）、《LED车道控制标志》（JT/T 597）等相关标准的规定。

2 可变标志设备及配件的型号规格、数量应符合合同要求，部件完整。

3 可变标志安装结构应稳定。

4 可变标志板面安装方位、角度、高度应符合设计要求，可变标志门架的形式和结构应符合设计要求。

5 全部设备安装调试完毕，可变标志应处于正常工作状态。

4.4.2 可变标志实测项目应符合表4.4.2的规定。

表4.4.2 可变标志实测项目

项次	检查项目	技术要求	检查方法
1	基础尺寸	符合设计要求，允许偏差：（−50，+100）mm	长、宽用卷尺测量，埋深查隐蔽工程验收记录或实测
2	机箱、立柱防腐涂层厚度	符合设计要求，无要求时符合现行GB/T 18226的规定	涂层测厚仪测量
3	立柱竖直度	≤5mm/m	全站仪或竖直度测量仪测量
4△	绝缘电阻	强电端子对机壳≥50MΩ	500V绝缘电阻测试仪测量
5△	保护接地电阻	≤4Ω	接地电阻测量仪测量
6△	防雷接地电阻	≤10Ω	接地电阻测量仪测量
7△	共用接地电阻	如外场设备的保护接地体和防雷接地体未分开设置，则共用接地电阻≤1Ω	接地电阻测量仪测量
8△	视认距离	车辆以最大限速速度行驶时不小于行车视距	实操检验
9	发光单元色度坐标（x，y）	符合相应产品标准的规定	色度/亮度计测量
10	显示屏平均亮度	亮度符合设计要求。无要求时，外场可变信息标志、可变限速标志最大亮度≥8 000cd/m^2，隧道内可变信息标志最大亮度≥5 000cd/m^2，LED车道控制标志、交通信号灯最大亮度≥1 500cd/m^2	亮度计测量
11△	数据传输性能	24h观察时间内失步现象≤1次或BER≤10^{-8}；以太网传输丢包率≤0.1%	数据传输测试仪或网络测试仪测量
12△	显示内容	及时、正确地显示监控中心计算机发送的内容	实操检验

续表 4.4.2

项次	检查项目	技术要求	检查方法
13△	亮度调节功能	可变信息标志、可变限速标志能根据环境亮度自动调节显示屏的亮度	功能验证
14△	自检功能	能够向监控中心计算机提供显示内容的确认信息及本机工作状态自检信息	功能验证
15△	复原功能	加电后，设备能自动恢复到正常通信状态，并被上位机或控制系统识别，断电或故障前存储数据保持不变	功能验证
16	本地操作与维护功能	能够与便携机连接进行检测和维护	功能验证

4.4.3　可变标志外观质量应符合下列规定：

1　不应存在本标准附录 C 所列限制缺陷。

4.5　道路视频交通事件检测系统

4.5.1　道路视频交通事件检测系统应符合下列基本要求：

1　道路视频交通事件检测系统设备应符合现行《视频交通事件检测器》(GB/T 28789)等相关标准的规定。

2　道路视频交通事件检测系统设备及配件的型号规格、数量应符合合同要求，部件完整。

3　全部设备安装调试完毕，系统应处于正常工作状态。

4.5.2　道路视频交通事件检测系统实测项目应符合表 4.5.2 的规定。

表 4.5.2　道路视频交通事件检测系统实测项目

项次	检查项目	技术要求	检查方法
1	中心设备接地连接	保护地、防雷地的接地连接线可靠连接到接地汇流排上	目测检查，必要时用接地电阻测量仪测量
2	事件检测率	符合设计要求，无要求时：有效检测范围内≥90%	白天现场模拟事件进行检验或播放标准事件源视频检验
3	交通参数检测相对误差	符合设计要求，无要求时：车流量≤10%，车速≤15%	实操检验，不少于 50 辆车

续表 4.5.2

项次	检 查 项 目	技 术 要 求	检 查 方 法
4	有效检测范围	符合设计要求，无要求时：停止事件≥300m；逆行事件≥200m；行人事件≥100m；抛撒物事件≥100m；机动车驶离事件≥200m	白天现场模拟事件进行检验或播放标准事件源视频检验
5△	典型事件检测功能	具备停止、逆行、行人、抛撒物、机动车驶离等事件检测功能；具有交通参数检测功能的系统能进行车流量、车速等交通参数检测	功能验证
6	自动录像功能	系统自动捕获并存储交通事件发生过程的影像，能按要求设定记录时间	功能验证
7	自诊断和报警功能	视频信号丢失、系统设备故障、网络通信故障等情况发生时，系统能自诊断、记录并告警	功能验证
8	时钟同步功能	与监控系统或通信系统主时钟同步	与主时钟进行比对

4.5.3 道路视频交通事件检测系统外观质量应符合下列规定：

1 不应存在本标准附录C所列限制缺陷。

4.6 交通情况调查设施

4.6.1 交通情况调查设施应符合下列基本要求：

1 交通情况调查设施设备应符合现行《公路交通情况调查设备》（JT/T 1008）等相关标准的规定。

2 交通情况调查设施设备及配件的型号规格、数量应符合合同要求，部件完整。

3 交通情况调查设施设备安装结构应稳定，机箱外部完整。

4 传感器安装应符合设计要求，检测区域正确。

5 全部设备安装调试完毕，交通情况调查设施应处于正常工作状态。

4.6.2 交通情况调查设施实测项目应符合表4.6.2的规定。

表 4.6.2　交通情况调查设施实测项目

项次	检查项目	技术要求	检查方法
1	基础尺寸	符合设计要求，允许偏差：（-50，+100）mm	长、宽用卷尺测量，埋深查隐蔽工程验收记录或实测
2	机箱、立柱防腐涂层厚度	符合设计要求，无要求时符合现行 GB/T 18226 的规定	涂层测厚仪测量
3	立柱竖直度（微波、视频、超声波设备）	≤5mm/m	全站仪或竖直度测量仪测量
4△	绝缘电阻	强电端子对机壳≥50MΩ	500V 绝缘电阻测试仪测量
5△	保护接地电阻	≤4Ω	接地电阻测量仪测量
6△	防雷接地电阻（微波、视频、超声波交通情况调查设施）	≤10Ω	接地电阻测量仪测量
7△	共用接地电阻	如外场设备的保护接地体和防雷接地体未分开设置，则共用接地电阻≤1Ω	接地电阻测量仪测量
8△	机动车分类或分型误差	符合设计要求，无要求时：≤10%	测量与采集结果比较
9△	车流量相对误差	符合设计要求，无要求时：≤5%	人工计数测量与采集结果比较
10△	车速相对误差	符合设计要求，无要求时：≤8%	测速仪测量与采集结果比较
11△	传输性能	24h 观察时间内失步现象≤1 次或 BER≤10^{-8}；以太网传输丢包率≤0.1%	数据传输测试仪或网络测试仪测量
12△	自检功能	自动检测设备运行状态，故障时实时上传故障信息	功能验证
13△	复原功能	加电后，设备能自动恢复到正常通信状态，并被上位机或控制系统识别，断电或故障前存储数据保持不变	功能验证
14	本地操作与维护功能	能够与便携机连接进行检测和维护	功能验证

4.6.3　交通情况调查设施外观质量应符合下列规定：

1　不应存在本标准附录 C 所列限制缺陷。

4.7　监控（分）中心设备及软件

4.7.1　监控（分）中心设备及软件应符合下列基本要求：

1 监控（分）中心软件应符合现行《高速公路监控系统软件测试方法》(JT/T 965)等相关标准的规定。

2 监控（分）中心机房应整洁，通风、照明、环境温湿度条件良好。

3 监控（分）中心设备及配件的型号规格、数量应符合合同要求，部件完整。

4 监控（分）中心全部设备及软件安装调试完毕，系统应处于正常工作状态。

5 监控软件包括系统软件与应用软件，系统软件应合法授权、应提交正式的授权使用证书，应用软件应提供软件开发、测试文件。

4.7.2 监控（分）中心设备及软件实测项目应符合表4.7.2的规定。

表4.7.2 监控（分）中心设备及软件实测项目

项次	检查项目	技术要求	检查方法
1	监控室内温度	18～28℃	用温湿度计测10个测点，取平均值
2	监控室内湿度	30%～70%RH	用温湿度计测10个测点，取平均值
3	监控室内防尘措施	B级（一周内，设备上无明显尘土）	目测检查
4	监控室内噪声	≤70dB（A）	声级计测量
5	监控室内工作环境照度	5～200lx可调	照度计测量
6△	绝缘电阻	强电端子对机壳≥50MΩ	查验随工验收记录或用500V绝缘电阻测试仪抽测3台设备
7△	监控中心共用接地电阻	≤1Ω	接地电阻测量仪测量
8	中心设备接地连接	保护地、防雷地的接地连接线可靠连接到接地汇流排上	目测检查，必要时用接地电阻测量仪测量
9	与外场设备的通信轮询周期	符合设计要求	实操检验
10△	与下端设备数据交换	按设定的系统轮询周期，及时准确地与车辆检测器、气象检测器、可变标志等交换数据	对于检测器，在外场进行人工测试统计，然后与中心按时间段逐一对比，时间不少于30min；对于可变标志，在外场与中心比对信息的正确性和实时性
11△	图像监视功能	能够监视路段的运行状况	功能验证
12	系统工作状况监视功能	系统外场设备的工作状态在计算机或大屏幕上正确显示	功能验证
13	信息发布功能	指令信息通过系统正确地传送到可变信息标志、交通信号灯、车道控制标志等设备	功能验证
14	统计、查询、打印报表功能	迅速、正确地统计、查询指令、设备状况、系统故障、交通参数等数据，并打印相关报表	功能验证

续表 4.7.2

项次	检查项目	技术要求	检查方法
15△	数据备份、存储功能	具有数据备份、存储功能，并带时间记录	功能验证
16	加电自诊断功能	可循环检测所有监控（分）中心内、外场设备运行状况，正确及时显示故障位置、类型	功能验证
17	监控系统应急预案	符合设计要求	功能验证

4.7.3　监控（分）中心设备外观质量应符合下列规定：

1　不应存在本标准附录 C 所列限制缺陷。

2　控制台上设备布局符合设计要求，安装稳固、横竖端正、标识清楚。

3　CCTV 监视器布局符合设计要求，屏幕拼接完整，安装稳固、横竖端正、标识清楚。

4.8　大屏幕显示系统

4.8.1　大屏幕显示系统应符合下列基本要求：

1　屏幕及配件的数量、型号规格应符合合同要求，部件完整。

2　屏幕安装方位、角度、高度应符合设计要求，安装牢固。

3　全部设备安装调试完毕，系统应处于正常工作状态。

4.8.2　大屏幕显示系统实测项目应符合表 4.8.2 的规定。

表 4.8.2　大屏幕显示系统实测项目

项次	检查项目	技术要求	检查方法
1	拼接缝	符合设计要求，无要求时：≤2mm	量具测量
2△	亮度	达到白色平衡时的亮度符合设计要求，无要求时：大屏幕投影屏幕≥150cd/m^2，液晶显示屏、LED 显示屏≥450cd/m^2	亮度计测量
3	亮度不均匀度	达到白色平衡时的亮度不均匀度符合设计要求，无要求时：≤10%	亮度计测量
4	显示功能	正确显示切换的图像及其他信息	功能验证
5△	窗口缩放	可对所选择的窗口随意缩放控制	实操检验
6△	多视窗显示	同时显示多个监视断面的窗口	实操检验

4.8.3 大屏幕显示系统外观质量应符合下列规定：

1 大屏幕外观完整无损伤、镜头洁净，屏幕平整整洁、色彩均匀。

2 图像清晰、稳定、无抖动。

3 图像明亮、色泽鲜艳可调。

4.9 监控系统计算机网络

4.9.1 监控系统计算机网络应符合下列基本要求：

1 网线、插座、连接头、网卡、集线器、交换机、路由器、调制解调器、服务器等网络设备的型号规格、数量应符合合同要求，部件完整。

2 插座、双绞线接头的压接形式（线对分配）应符合现行 EIA/TIA 568A 或 586B 的规定，且在一个系统中只能选用一种压接形式，不得混用。

3 全部设备安装调试完毕，监控系统计算机网络应处于正常工作状态。

4.9.2 监控系统计算机网络实测项目应符合表 4.9.2 的规定。

表 4.9.2 监控系统计算机网络实测项目

项次	检查项目		技术要求	检查方法
1△	接线图		符合现行 GB/T 50312 的规定	网络认证测试仪测量
2	长度		符合现行 GB/T 50312 的规定	网络认证测试仪测量
3△	回波损耗		符合现行 GB/T 50312 的规定	网络认证测试仪测量
4	插入损耗		符合现行 GB/T 50312 的规定	网络认证测试仪测量
5△	近端串音		符合现行 GB/T 50312 的规定	网络认证测试仪测量
6	近端串音功率和		符合现行 GB/T 50312 的规定	网络认证测试仪测量
7	衰减远端串音比		符合现行 GB/T 50312 的规定	网络认证测试仪测量
8	衰减远端串音比功率和		符合现行 GB/T 50312 的规定	网络认证测试仪测量
9	衰减近端串音比		符合现行 GB/T 50312 的规定	网络认证测试仪测量
10	衰减近端串音比功率和		符合现行 GB/T 50312 的规定	网络认证测试仪测量
11	环路电阻		符合现行 GB/T 50312 的规定	网络认证测试仪测量
12	时延		符合现行 GB/T 50312 的规定	网络认证测试仪测量
13	时延偏差		符合现行 GB/T 50312 的规定	网络认证测试仪测量
14△	以太网系统性能要求	14.1 链路传输速率	符合设计要求，无要求时符合 10Mbps、100Mbps、1 000Mbps 的规定	以太网性能测试仪测量
		14.2 吞吐率	符合设计要求，无要求时 1 518 帧长≥99%	
		14.3 传输时延	符合设计要求，无要求时：≤10ms	
		14.4 丢包率	不大于 70% 流量负荷时：≤0.1%	

续表 4.9.2

<table>
<tr><th>项次</th><th colspan="2">检 查 项 目</th><th>技 术 要 求</th><th>检 查 方 法</th></tr>
<tr><td rowspan="4">15△</td><td rowspan="4">以太网链路层健康状况</td><td>15.1　链路利用率</td><td>≤70%</td><td rowspan="4">以太网性能测试仪测量</td></tr>
<tr><td>15.2　错误率及各类错误</td><td>≤1%</td></tr>
<tr><td>15.3　广播帧及组播帧</td><td>≤50fps</td></tr>
<tr><td>15.4　冲突(碰撞)率</td><td>≤1%</td></tr>
</table>

4.9.3　监控系统计算机网络外观质量应符合下列规定：

1　网络设备、网线线槽、信息插座布放整齐美观，安装牢固、标识清楚。

2　线缆布放路由正确、绑扎牢固、端头连接规范、标识正确清楚，线缆弯曲半径和预留长度应符合现行《综合布线系统工程验收规范》（GB/T 50312）的规定。

5 通信设施

5.1 通信管道工程

5.1.1 通信管道工程应符合下列基本要求：

1 通信管道的型号规格、管群断面组合应符合设计要求。

2 通信管道敷设与安装应符合现行相关技术规范要求。

3 各种材质的通信管道，管顶至路面的埋设深度应符合设计要求。

4 通过桥梁或其他构造物时采用的管箱、引上和引下工程采用的管道应符合设计要求。

5 人（手）孔位置应准确、预埋件安装牢固、具有防水措施。

5.1.2 通信管道工程实测项目应符合表5.1.2的规定。

表5.1.2 通信管道工程实测项目

项次	检查项目	技术要求	检查方法
1	管道地基	符合设计要求	查隐蔽工程验收记录，必要时剖开测量
2	管道铺设	符合设计要求	查隐蔽工程验收记录，必要时剖开测量
3	回土夯实	符合设计要求	查隐蔽工程验收记录，必要时剖开测量
4	人（手）孔、管道掩埋	符合设计要求	查隐蔽工程验收记录，必要时剖开测量
5	人（手）孔的位置	符合设计要求	量具测量
6	分歧形式及内部尺寸	符合设计要求	目测检查，尺寸用量具测量
7	通信管道的横向位置	符合设计要求	量具测量
8△	主管道管孔试通试验	畅通	查随工验收记录或按本标准附录D实测
9△	通信管道工程用塑料管孔试通试验	畅通	查随工验收记录或气吹法实测

续表 5.1.2

项次	检查项目	技术要求	检查方法
10	通信管道工程用塑料管（箱）规格尺寸	符合设计要求	查随工验收记录或用量具实测
11	管孔封堵	符合设计要求	查随工验收记录或目测检查

5.1.3　通信管道工程外观质量应符合下列规定：

1　管道进入建筑物或人（手）孔处的管堵头符合设计要求，密封良好。

2　通过桥梁或其他构造物时采用的通信管道安装牢固、排列整齐有序，管道接续过渡圆滑、密封良好。

5.2　通信光缆、电缆线路工程

5.2.1　通信光缆、电缆线路工程应符合下列基本要求：

1　通信光缆、电缆的型号规格、数量应符合合同及现行相关技术规范的要求。

2　通信光缆、电缆的敷设、接续、预留及成端等应符合现行相关技术规范的要求。

3　通信光缆、电缆绑扎应牢靠，松紧适度、紧密，绑扎线扣均匀、整齐、一致。

4　槽道、托架内光缆、电缆应顺直，无明显扭绞和交叉，不溢出槽道，不侧翻；拐弯适度；进出槽道、托架应绑扎整齐。

5　槽道、托架应做可靠接地连接。

5.2.2　通信光缆、电缆线路工程实测项目应符合表 5.2.2 的规定。

表 5.2.2　通信光缆、电缆线路工程实测项目

项次	检查项目	技术要求	检查方法
1	光缆护层绝缘电阻	≥1 000MΩ·km	查随工验收记录或用 1 000V 绝缘电阻测试仪测量（仅对直埋光缆）
2△	单模光纤接头损耗平均值	≤0.1dB	光时域反射计测量
3	单模光纤接头损耗最大值	≤0.18dB	光时域反射计测量
4△	多模光纤接头损耗平均值	≤0.08dB	光时域反射计测量
5	多模光纤接头损耗最大值	≤0.14dB	光时域反射计测量
6△	中继段单模光纤总衰耗	符合设计要求	光时域反射计或光源、光功率计测量
7△	中继段多模光纤总衰耗	符合设计要求	光时域反射计或光源、光功率计测量
8△	音频电缆绝缘电阻	≥1 000MΩ·km	高阻兆欧表在线对间测量
9	音频电缆串音衰减	符合设计要求	电缆分析仪或串扰分析仪测量

续表 5.2.2

项次	检查项目	技术要求	检查方法
10	音频电缆直流环阻	符合设计要求	电缆分析仪测量
11△	接线图（网线）	符合现行 GB/T 50312 的规定	网络认证测试仪测量
12	长度（网线）	符合现行 GB/T 50312 的规定	网络认证测试仪测量
13△	回波损耗（网线）	符合现行 GB/T 50312 的规定	网络认证测试仪测量
14	插入损耗（网线）	符合现行 GB/T 50312 的规定	网络认证测试仪测量
15△	近端串音（网线）	符合现行 GB/T 50312 的规定	网络认证测试仪测量
16	近端串音功率和（网线）	符合现行 GB/T 50312 的规定	网络认证测试仪测量
17	衰减远端串音比（网线）	符合现行 GB/T 50312 的规定	网络认证测试仪测量
18	衰减远端串音比功率和（网线）	符合现行 GB/T 50312 的规定	网络认证测试仪测量
19	衰减近端串音比（网线）	符合现行 GB/T 50312 的规定	网络认证测试仪测量
20	衰减近端串音比功率和（网线）	符合现行 GB/T 50312 的规定	网络认证测试仪测量
21	环路电阻（网线）	符合现行 GB/T 50312 的规定	网络认证测试仪测量
22	时延（网线）	符合现行 GB/T 50312 的规定	网络认证测试仪测量
23	时延偏差（网线）	符合现行 GB/T 50312 的规定	网络认证测试仪测量

5.2.3 通信光缆、电缆线路工程外观质量应符合下列规定：

1 通信光缆、电缆配线箱（架）安装端正、稳固，配件齐全；光缆、电缆接续箱（盒）安装牢固，密封良好。

2 通信光缆、电缆线路缆线路由正确、保护措施得当、排列整齐、绑扎牢固、预留长度符合规定，标识正确清楚。

5.3 同步数字体系（SDH）光纤传输系统

5.3.1 同步数字体系（SDH）光纤传输系统应符合下列基本要求：

1 同步数字体系（SDH）光纤传输系统设备机房应整洁，通风、照明良好，环境温、湿度应符合《通信中心机房环境条件要求》（YD/T 1821—2008）中二类通信机房的规定。

2 同步数字体系（SDH）光纤传输系统设备应取得电信设备进网许可证，其型号规格、数量、配置应符合合同要求，部件完整。

3 全部设备安装调试完毕，系统应处于正常工作状态。

5.3.2 同步数字体系（SDH）光纤传输系统实测项目应符合表 5.3.2 的规定。

表 5.3.2　同步数字体系（SDH）光纤传输系统实测项目

项次	检查项目	技术要求	检查方法
1△	系统设备安装连接的可靠性	系统设备安装连接可靠，经振动试验后系统无告警、无误码	在振动状况（用橡皮榔头适当敲击）下连续观察 15min
2	接地连接	保护地、防雷地的接地连接线可靠连接到接地汇流排上	目测检查，必要时用接地电阻测量仪测量
3△	系统接收光功率	$P_1 \geq P_R + M_c + M_e$	光功率计测量
4△	平均发送光功率	符合设计要求或出厂检验指标参数	光功率计测量
5△	光接收灵敏度	符合设计要求或出厂检验指标参数	光功率计和误码仪测量
6△	误码指标（2M 电口）	BER≤1×10^{-11}	误码仪测量，每块 2M 电路板抽测 3 条 2M 支路，1 个支路测试时间 24h，其他支路 15min，可将多条支路串接起来测试
		ESR≤1.1×10^{-5}	
		SESR≤5.5×10^{-7}	
		BBER≤5.5×10^{-8}	
7	电接口允许比特容差	符合现行 YD/T 5095 的规定	PDH/SDH 通信性能分析仪测量
8	输入抖动容限	符合现行 YD/T 5095 的规定	PDH/SDH 通信性能分析仪测量
9	输出抖动	符合现行 YD/T 5095 的规定	PDH/SDH 通信性能分析仪测量
10	2M 支路口漂移指标	a. MTIE≤18μs（24h） b. 40h 滑动≤1 次	在传输链路最长或定时链路经过网元最多、通过不同步边界的 2M 链路上测试
11	管理授权功能	未经授权不能进入网管系统	功能验证
12△	自动保护倒换功能	工作环路故障或大误码时，自动倒换到备用线路	功能验证，测一个环路
13△	远端接入功能	能通过网管添加或删除远端模块	功能验证
14△	配置功能	能对网元部件进行增加或删除，并以图形方式显示当前配置	功能验证
15	网络性能监视功能	能实时采集分析网络误码等性能参数	功能验证
16	激光器自动关断功能	无输入光信号时能自动关断	功能验证，测试备用板的发光口
17△	故障定位功能	发生故障时能显示故障位置	功能验证
18	信号丢失告警（LOS）	产生告警	实操检验
19△	电源故障告警	产生告警	实操检验
20△	帧失步告警（LOF）	产生告警	实操检验
21△	AIS 告警	产生告警	实操检验
22△	参考时钟丢失告警	产生告警	实操检验
23	指针丢失告警	产生告警	实操检验

续表 5.3.2

项次	检查项目	技术要求	检查方法
24	远端接收失效（FERF）	产生告警	实操检验
25	远端接收误码（FEBE）	产生告警	实操检验
26	电接口复帧丢失（LOM）	产生告警	实操检验
27	信号劣化（$BER>1\times10^{-6}$）	产生告警	实操检验
28	信号大误码（$BER>1\times10^{-3}$）	产生告警	实操检验
29	机盘失效告警	能自动倒换，产生告警	实操检验

注：P_1为接收端实测系统接收光功率；P_R 为接收器的接收灵敏度；M_c 为光缆富余度；M_e 为设备富余度。

5.3.3 同步数字体系（SDH）光纤传输系统外观质量应符合下列规定：

1 槽道、机架（包括子架、DDF、ODF）及设备布局合理、安装稳固；机架横竖端正、排列整齐；拼装螺栓紧固、余留长度一致。

2 配线架上布线整齐、美观，长度适当；绑扎牢固、成端符合规范要求；标识正确清楚。

3 设备连接用连接线、跳线（纤）符合设计要求，长度适当、标识正确清楚。

5.4 IP 网络系统

5.4.1 IP 网络系统应符合下列基本要求：

1 IP 网络系统设备机房应整洁，通风、照明良好，环境温、湿度应符合《通信中心机房环境条件要求》（YD/T 1821—2008）中二类通信机房的规定。

2 IP 网络系统设备应取得电信设备进网许可证，其型号规格、数量、配置应符合合同要求，部件完整。

3 全部设备安装调试完毕，系统应处于正常工作状态。

5.4.2 IP 网络系统实测项目应符合表 5.4.2 的规定。

表 5.4.2 IP 网络系统实测项目

项次	检查项目	技术要求	检查方法
1△	系统设备安装连接的可靠性	系统设备安装连接可靠，经振动试验后系统无告警、无误码	在振动状况（用橡皮榔头适当敲击）下连续观察 15min
2	接地连接	保护地、防雷地的接地连接线可靠连接到接地汇流排上	目测检查，必要时用接地电阻测量仪测量
3△	IP 网络接口平均发送光功率	符合设计要求，无要求时符合：−11.5dBm ≤ 光功率 ≤ −3dBm（1000BASE-LX），−9.5dBm ≤ 光功率 ≤ −4dBm（1000BASE-SX）	光功率计测量

续表 5.4.2

项次	检查项目	技术要求	检查方法
4△	IP 网络接口接收光功率	$P_1 \geqslant P_R + M_c + M_e$	光功率计测量
5△	IP 网络接口接收灵敏度	符合设计要求，无要求时符合：≤－19dBm（1000BASE-LX），≤－17dBm（1000BASE-SX）	光功率计、光衰减器、流量发生器测量
6△	IP 网络吞吐率	符合设计要求，无要求时 1 518 帧长≥99%	以太网性能测试仪测量
7△	IP 网络传输时延	符合设计要求，无要求时：≤100ms	以太网性能测试仪测量
8△	IP 网络丢包率	不大于 70% 流量负荷时：≤0.1%	以太网性能测试仪测量
9	网络性能监视功能	能实时采集分析网络误码等性能参数	功能验证
10△	自动保护倒换功能	工作环路故障或大误码时，自动倒换到备用线路	功能验证
11	IP 网络接口半双工、全双工自动协商	自动协商	流量发生器或 IP 网络性能分析仪测量
12△	IP 网络流量控制功能	网络流量超出端口流量时，具有流量控制功能	流量发生器功能验证
13	IP 网络故障告警管理功能	发生故障时网管系统有提示	功能验证
14	IP 网络管理授权功能	未经授权不能进入网管系统	功能验证
15	IP 网络端口使能或禁止功能	从网管系统能够使能或禁止某端口	功能验证
16	IP 网络网管查询和配置功能	从网管系统能够查询和配置相关业务	功能验证
17	IP 网络主、备系统处理器切换功能	主系统处理器出现故障时能够自动启用备用系统处理器	功能验证
18△	IP 网络故障诊断与定位功能	网管系统能够显示板卡、通信端口的故障位置和信息	功能验证
19△	IP 网络 VLAN 功能	能够按端口划分 VLAN	功能验证

注：P_1 为接收端实测系统接收光功率；P_R 为接收器的接收灵敏度；M_c 为光缆富余度；M_e 为设备富余度。

5.4.3　IP 网络系统外观质量应符合下列规定：

1　槽道、机架（包括子架、DDF、ODF）及设备布局合理、安装稳固；机架横竖端正、排列整齐；拼装螺丝紧固、余留长度一致。

2　配线架上布线整齐、美观，长度适当；绑扎牢固、成端符合规范要求；标识正确清楚。

3 设备连接用连接线、跳线（纤）符合设计要求，长度适当、标识正确清楚。

5.5 波分复用（WDM）光纤传输系统

5.5.1 波分复用（WDM）光纤传输系统应符合下列基本要求：

1 传输系统设备机房应整洁，通风、照明良好，环境温、湿度应符合《通信中心机房环境条件要求》（YD/T 1821—2008）中二类通信机房的规定。

2 传输系统设备应取得电信设备进网许可证，其型号规格、数量、配置应符合合同要求，部件完整。

3 全部设备安装调试完毕，系统应处于正常工作状态。

5.5.2 波分复用（WDM）光纤传输系统实测项目应符合表5.5.2的规定。

表5.5.2 波分复用（WDM）光纤传输系统实测项目

项次	检查项目	技术要求	检查方法
1△	系统设备安装连接的可靠性	系统设备安装连接可靠，经振动试验后系统无告警、无误码	在振动状况（用橡皮榔头适当敲击）下连续观察15min
2	接地连接	保护地、防雷地的接地连接线可靠连接到接地汇流排上	目测检查，必要时用接地电阻测量仪测量
3△	线路侧接收、发送参考点中心波长	符合现行YD/T 1143的规定	光谱仪测量
4△	线路侧接收、发送参考点中心频率偏移	±12.5GHz	光谱仪测量
5	信号功率	符合设计要求或出厂检验指标	光谱仪测量
6△	光信噪比（OSNR）	>25dB	光谱仪测量
7	噪声	< -21dBm	光谱仪测量
8	-20dB带宽	<0.3nm	光谱仪测量
9	OCh中心波长	符合现行YD/T 1143的规定	光谱仪测量
10△	OCh最小边模抑制比	>25dB	光谱仪测量
11	分波器中心波长	符合现行YD/T 1143的规定	光谱仪测量
12△	分波器插入损耗	<10dB	光谱仪测量
13	分波器插入损耗的最大差异	<2dB	光谱仪测量
14△	分波器相邻通道隔离度	>22dB	宽谱光源和光谱仪测量
15	合波器中心波长	符合现行YD/T 1143的规定	光谱仪测量
16△	合波器插入损耗	<8dB	光谱仪测量

续表 5.5.2

项次	检 查 项 目	技 术 要 求	检 查 方 法
17	合波器插入损耗的最大差异	<2dB	光谱仪测量
18△	合波器相邻通道隔离度	>22dB	光谱仪测量
19△	MPI-SM ~ MPI-RM 残余色散	符合现行 YD/T 1143 的规定	宽谱光源和色散分析仪测量
20△	MPI-SM ~ MPI-RM 偏振模色散	符合现行 YD/T 1143 的规定	宽谱光源和色散分析仪测量
21	网络性能	符合现行 YD/T 2148 的规定	根据业务接口按本标准第 5.3.2 条或第 5.4.2 条测试
22△	自动保护倒换功能	工作环路故障或大误码时，自动倒换到备用线路	功能验证，测一个环路
23	网管功能	符合现行 YD/T 2148 的规定	功能验证
24	激光器自动关断功能	无输入光信号时能自动关断	功能验证，测试备用板的发光口
25	信号丢失告警（LOS）	产生告警	实操检验
26△	电源故障告警	产生告警	实操检验
27	机盘失效告警	能自动倒换，产生告警	实操检验

5.5.3 波分复用（WDM）光纤传输系统外观质量应符合下列规定：

1 槽道、机架（包括子架、DDF、ODF）及设备布局合理、安装稳固；机架横竖端正、排列整齐；拼装螺栓紧固、余留长度一致。

2 配线架上布线整齐、美观，长度适当；绑扎牢固、成端符合规范要求；标识正确清楚。

3 设备连接用连接线、跳线（纤）符合设计要求，长度适当、标识正确清楚。

5.6 固定电话交换系统

5.6.1 固定电话交换系统应符合下列基本要求：

1 固定电话交换系统设备机房应整洁，通风、照明良好，环境温、湿度应符合《通信中心机房环境条件要求》（YD/T 1821—2008）中二类通信机房的规定。

2 固定电话交换系统设备应取得电信设备进网许可证，其交换设备、辅助设备、控制台及各种电路板的型号规格、数量应符合合同要求，部件完整。

3 设备及其辅助设备安装应牢固。

4 全部设备安装调试完毕，系统应处于正常工作状态。

5.6.2 固定电话交换系统实测项目应符合表 5.6.2 的规定。

表 5.6.2　固定电话交换系统实测项目

项次	检查项目	技术要求	检查方法
1	接地连接	保护地、防雷地的接地连接线可靠连接到接地汇流排上	目测检查，必要时用接地电阻测量仪测量
2△	工作电压	$-57 \sim -40$V	万用表测量
3	局内障碍率	$\leq 3.4\times10^{-4}$	模拟呼叫器测量
4△	接通率	≥99.96%	模拟呼叫器测量
5△	软交换 IP 承载网的丢包率	≤0.1%	IP 网络性能分析仪测量
6	软交换 IP 承载网的网络抖动	≤10ms	IP 网络性能分析仪测量
7	软交换 IP 承载网的时延	≤100ms	IP 网络性能分析仪测量
8	软交换 IP 承载网的包差错率	$\leq 1\times10^{-4}$	IP 网络性能分析仪测量
9	软交换网内端到端语音服务质量	网络丢包率≤0.1%时，语音主观评分≥4.0，或语音客观评价PSQM（语音质量感知测量）平均值≤1.5 或 PESQ（语音质量感知评价）≥3.3	主观评分或 IP 语音电话测试系统测量
10	管理授权功能	未经授权不能进入管理系统	功能验证
11	系统再启动功能	系统紧急关机后启动或做系统倒换后，系统能恢复正常运行	功能验证
12△	修改用户号码功能	通过网管修改用户号码后不影响原话机的通信功能	功能验证
13△	修改单个用户级别功能	通过网管修改用户级别后，修改后的用户对应新级别的业务权限	功能验证
14	呼叫限制功能	通过网管对用户的长途呼叫进行限制	功能验证
15	计费功能	能修改费率，并能打印显示费额和通话记录	功能验证
16	话务管理	自动记录话务信息	功能验证
17△	故障诊断、告警	产生告警	实操检验
18	系统交换功能	具备本局呼叫、出入局呼叫、新业务等功能	功能验证
19	多方呼叫控制功能	能够建立一点对多点的快速通话功能	功能验证

注：主观评分标准：

（1）很好。听得很清楚，无失真感，无延迟感，交流顺畅：5 分。

（2）好。听得清楚，延迟小，有点杂音，交流略欠顺畅：4 分。

（3）一般。听不太清楚，有一定延迟，有杂音，有失真，可以交流：3 分。

（4）较差。听不太清楚，有较大杂音或断续，失真严重，交流需重复多次：2 分。

（5）极差。静音或完全听不清楚，杂音很大，无法交流：1 分。

5.6.3　固定电话交换系统外观质量应符合下列规定：

1　槽道、机架及设备布局合理、安装稳固；机架横竖端正、排列整齐；拼装螺栓紧固、余留长度一致。

2　配线架上布线整齐、美观，长度适当；绑扎牢固、成端符合规范要求；标识正确清楚。

3　设备连接用连接线、跳线（纤）符合设计要求，长度适当、标识正确清楚。

5.7　通信电源系统

5.7.1　通信电源系统应符合下列基本要求：

1　通信电源设备及配件的型号规格、数量应符合合同要求，部件完整。

2　蓄电池的连接条、螺栓、螺母应做防腐处理，并连接可靠。

3　全部设备安装调试完毕，系统应处于正常工作状态。

5.7.2　通信电源系统实测项目应符合表 5.7.2 的规定。

表 5.7.2　通信电源系统实测项目

项次	检查项目	技术要求	检查方法
1	通信电源系统防雷	符合设计要求	实操检验
2	通信电源系统接地	符合设计要求	接地电阻测量仪测量
3	交流电路和直流电路对地、交流电路对直流电路的绝缘电阻	≥2MΩ	500V 绝缘电阻测试仪测量
4△	开关电源的主输出电压	−57.6 ~ −43.2V 或 21.6 ~ 28.8V	万用表测量
5	系统杂音电压	直流输出端的电话衡重杂音电压≤2mV	杂音计测量
		直流输出端在 0 ~ 20MHz 频带内峰-峰值杂音电压≤200mV	杂音计或示波器测量
6	蓄电池管理功能	能对蓄电池的放电、均浮充等操作进行切换	电池性能测试仪实测或核查随工验收记录
7△	电源系统报警功能	系统处于不正常状态时，机房内可视、可听报警信息	功能验证
8	远端维护管理功能	可实现远端遥测、遥控和遥信的集中管理	功能验证

5.7.3　通信电源系统外观质量应符合下列规定：

1　电源设备布局合理、安装稳固、横竖端正、排列整齐。

2　电源输出配电线缆布放整齐，路由和位置正确。

3　设备间连接线线缆整齐、美观、长度适当、绑扎牢固，接线端头焊（压）接牢固、平滑；标识正确清楚。

6　收费设施

6.1　入口混合车道设备及软件

6.1.1　入口混合车道设备及软件应符合下列基本要求：

1　电动（手动）栏杆、天线、车道控制机、显示终端、专用键盘、复合读写器、专用费额信息显示屏、车道信息指示屏、车辆检测器、车牌识别设备、车道摄像机等设备应符合国家和行业现行相关标准的规定。

2　入口混合车道设备及配件的型号规格、数量应符合合同要求，部件完整。

3　全部设备安装调试完毕，车道设备及软件应处于正常工作状态。

4　入口混合车道软件包括系统软件与应用软件，系统软件应合法授权、应提供正式的授权使用证书，应用软件应提供软件开发、测试文件。

6.1.2　入口混合车道设备及软件实测项目应符合表 6.1.2 的规定。

表 6.1.2　入口混合车道设备及软件实测项目

项次	检查项目	技术要求	检查方法
1△	车道设备绝缘电阻	强电端子对机壳≥50MΩ	500V 绝缘电阻测试仪测量
2△	车道设备共用接地电阻	≤1Ω	接地电阻测量仪测量
3	天线安装高度	符合设计要求，无要求时：≥5.5m	量具测量
4	天线立柱防腐涂层厚度	符合设计要求，无要求时：≥85μm	涂层测厚仪测量
5	车道信息指示屏的色度和亮度	色度符合现行 GB/T 23828 的规定，亮度符合设计要求，无要求时：亮度≥5 000cd/m^2	色度/亮度计测量
6△	车道信息指示屏控制与显示	切换控制正常，显示信息正确	实操检验
7	收费天棚车道控制标志的色度和亮度	色度符合现行 JT/T 597 的规定，夜间亮度≥1 000cd/m^2	色度/亮度计测量
8△	收费天棚车道控制标志控制和显示	可按设计要求控制，显示正确	实操检验

续表 6.1.2

项次	检查项目	技术要求	检查方法
9△	收费车道通行信号灯控制和显示	可按设计要求控制，显示正确	实操检验
10	车道专用费额信息显示屏色度和亮度	色度符合现行 GB/T 23828 的规定，亮度符合设计要求，无要求时：≥1 500cd/m^2	色度/亮度计测量
11△	车道专用费额信息显示屏信息显示	通过车辆时，能够及时正确显示设定信息	实操检验，观察费额显示屏显示信息
12△	闪光报警器	能按设定要求触发，正确响应	实操检验
13	电动栏杆起/落时间	符合设计要求，无要求时：≤1.0s	计时器具测量
14	电动栏杆机壳防腐涂层厚度	符合设计要求，无要求时：≥76μm	涂层测厚仪测量
15	电动栏杆机功能	能按设定操作流程动作，且具有防砸车和水平回转功能	功能验证
16	环形线圈电感量	符合设计要求，无要求时满足 50～1 000μH	电感测量仪测量
17	专用键盘	操作灵活，响应准确	实操检验
18	复合读写器	正确读写通行卡，满足国密要求	实操检验
19△	车道图像抓拍	车辆进入车道时能启动图像抓拍功能，抓拍信息符合设计要求，并能按规定格式存储转发	实操检验
20△	车道摄像机	可对车道设定区域实时录像，图像清晰	实操检验
21	字符叠加	车道摄像机、车道抓拍图像信息叠加清晰、正确	实操检验
22	车牌自动识别功能	对采集的车辆图像进行处理、识别，并保存识别结果，识别结果包含车牌号、识别时间、车牌颜色等	实操检验
23	车牌识别准确率	≥95%	连续测试 24h 以上，查验 200 张以上图片
24△	RSU 通信区域	宽度≤3.3m	场强仪测量
25△	车道初始状态	车道信息指示屏显示车道关闭，车道栏杆处于水平关闭状态，收费亭内显示器显示内容符合设计要求，并具有防止恶意登录功能	实操检验，登录时输入正确、错误各一次验证恶意登录功能

续表 6.1.2

项次	检查项目	技术要求	检查方法
26△	车道打开状态	成功登录后能打开车道，系统进入工作状态	实操检验
27	车道软件系统登录与退出	启动车道软件后，能可靠登录与退出	实操检验
28	车道设备工作状态监测及故障报警	能监测天线、电动栏杆、车道控制标志等车道设备的工作状态，设备故障时输出报警提示信息	实操检验
29	记录日志查询	能查询通行车辆交易流程日志信息	实操检验
30△	车道收费数据上传功能	车辆交易数据正确上传至上级收费系统	功能验证
31	时钟同步功能	车道系统时钟与上级收费系统时钟同步一致	与主时钟进行比对
32△	数据传输	车道与上级收费系统间能准确传输收费数据	实操检验
33	车道维修和复位操作处理	维护菜单允许授权维护员进行车道维护和复位操作	实操检验
34	支持双片式 OBU、单片式 OBU 交易	同时支持双片式 OBU、单片式 OBU 交易，并可在 OBU（或 ETC 卡）内写入入口信息	实操检验
35	支持 CPC 卡交易	支持 CPC 卡交易，写入规定的入口信息	实操检验
36	车辆信息采集	自动检测识别通行车辆的车牌、车型等信息，支持人工校核、修正自动识别的车辆信息	实操检验
37	收费参数接收与更新	具备接收、更新收费参数（状态名单、信用黑名单、大件运输车辆名单、省内通行费优化减免名单、“两客一危”车辆名单等）功能，并将特情车辆信息写入交易记录中	实操检验
38	接收入口称重检测数据	能够接收入口称重检测数据，并按相关规定判定、处置	实操检验

续表 6.1.2

项次	检 查 项 目	技 术 要 求	检 查 方 法
39	承载 ETC 门架功能	具备接收、更新省联网中心下发的本站收费费率，可在 OBU（CPU 用户卡）、CPC 卡内正确写入入口信息并计费，形成 ETC 或 CPC 卡通行记录，储值卡用户余额不足时，能按运营规则处置	实操检验
40	信息自动匹配	ETC 交易记录、CPC 卡通行记录与车辆抓拍图片进行自动匹配，并实时上传至收费站系统	实操检验
41	货车超载拦截	根据入口称重检测数据进行判定，具备自动拦截超载车辆功能	实操检验
42	CPC 卡电量判定	具备 CPC 卡电量判定功能，电量低于 8% 时不得在车道发放	实操检验
43△	断网复原功能	断开车道控制机与收费站的通信链路，车道工作状态正常，通信链路恢复后数据无丢失	功能验证
44	特情车辆处理	对标签拆卸、标签失效、状态名单、信用黑名单、未插用户卡、卡签不一致等特情车辆，符合设定的处理流程，费额信息显示屏显示特情提示信息与现实情况一致	实操检验
45	ETC 车辆交易成功后持 CPC 卡通行	正常 ETC 车辆交易成功后，换取 CPC 卡交易通行，符合规定的处理流程	实操检验
46△	正常 ETC 客车通行交易流程	客 1、客 2、客 3、客 4 分别通行，交易处理和计费正确（兼具 ETC 门架功能），费额信息显示屏信息显示及时正确	实车测试或查验历史记录
47△	正常 ETC 货车通行交易流程	货 1、货 2、货 3、货 4、货 5、货 6 分别通行，交易处理和计费正确（兼具 ETC 门架功能），费额信息显示屏信息显示及时正确	实车测试或查验历史记录
48△	正常 ETC 专项作业车通行交易流程	专项 1、专项 2、专项 3、专项 4、专项 5、专项 6 分别通行，交易处理和计费正确（兼具 ETC 门架功能），费额信息显示屏信息显示及时正确	实车测试或查验历史记录

续表 6.1.2

项次	检查项目	技术要求	检查方法
49△	MTC 客车通行交易流程	客1、客2、客3、客4分别通行，交易处理和计费正确（兼具ETC门架功能），费额信息显示屏信息显示及时正确	实车测试或查验历史记录
50△	MTC 货车通行交易流程	货1、货2、货3、货4、货5、货6分别通行，交易处理和计费正确（兼具ETC门架功能），费额信息显示屏信息显示及时正确	实车测试或查验历史记录
51△	MTC 专项作业车通行交易流程	专项1、专项2、专项3、专项4、专项5、专项6分别通行，交易处理和计费正确（兼具ETC门架功能），费额信息显示屏信息显示及时正确	实车测试或查验历史记录
52	跟车干扰交易流程	电子标签正常车辆跟随电子标签异常或无电子标签车辆进入入口混合车道，能正确完成交易与放行	实车测试

6.1.3　入口混合车道设备外观质量应符合下列规定：

1　不应存在本标准附录C所列限制缺陷。

2　电动（手动）栏杆挡杆上反光标记应完整醒目。

6.2　出口混合车道设备及软件

6.2.1　出口混合车道设备及软件应符合下列基本要求：

1　电动（手动）栏杆、天线、车道控制机、显示终端、专用键盘、票据打印机、复合读写器、专用费额信息显示屏、车道信息指示屏、车辆检测器、车牌识别设备、车道摄像机等设备应符合国家和行业现行相关标准的规定。

2　出口混合车道设备及配件的型号规格、数量应符合合同要求，部件完整。

3　全部设备安装调试完毕，车道设备及软件应处于正常工作状态。

4　出口混合车道软件包括系统软件与应用软件，系统软件应合法授权、应提供正式的授权使用证书，应用软件应提供软件开发、测试文件。

6.2.2　出口混合车道设备及软件实测项目应符合表6.2.2的规定。

表 6.2.2　出口混合车道设备及软件实测项目

项次	检查项目	技术要求	检查方法
1△	车道设备绝缘电阻	强电端子对机壳≥50MΩ	500V 绝缘电阻测试仪测量
2△	车道设备共用接地电阻	≤1Ω	接地电阻测量仪测量
3	天线安装高度	符合设计要求，无要求时：≥5.5m	量具测量
4	天线立柱防腐涂层厚度	符合设计要求，无要求时：≥85μm	涂层测厚仪测量
5	车道信息指示屏的色度和亮度	色度符合现行 GB/T 23828 的规定，亮度符合设计要求，无要求时：亮度≥5 000cd/m^2	色度/亮度计测量
6△	车道信息指示屏控制与显示	切换控制正常，显示信息正确	实操检验
7	收费天棚车道控制标志的色度和亮度	色度符合现行 JT/T 597 的规定，夜间亮度≥1 000cd/m^2	色度/亮度计测量
8△	收费天棚车道控制标志控制和显示	可按设计要求控制，显示正确	实操检验
9△	收费车道通行信号灯控制和显示	可按设计要求控制，显示正确	实操检验
10	车道专用费额信息显示屏色度和亮度	色度符合现行 GB/T 23828 的规定，亮度符合设计要求，无要求时：≥1 500cd/m^2	色度/亮度计测量
11△	车道专用费额信息显示屏信息显示	通过车辆时，能够及时正确显示设定信息	实操检验，观察费额显示屏显示信息
12△	闪光报警器	能按设定要求触发，正确响应	实操检验
13	电动栏杆起/落时间	符合设计要求，无要求时：≤1.0s	计时器具测量
14	电动栏杆机壳防腐涂层厚度	符合设计要求，无要求时：≥76μm	涂层测厚仪测量
15	电动栏杆机功能	能按设定操作流程动作，且具有防砸车和水平回转功能	功能验证
16	环形线圈电感量	符合设计要求，无要求时满足 50～1 000μH	电感测量仪测量
17	专用键盘	操作灵活，响应准确	实操检验
18	复合读写器	正确读写通行卡，满足国密要求	实操检验
19△	票据打印机	快速正确打印票据	实操检验
20△	车道图像抓拍	车辆进入车道时能启动图像抓拍功能，抓拍信息符合设计要求，并能按规定格式存储转发	实操检验

续表 6.2.2

项次	检 查 项 目	技 术 要 求	检 查 方 法
21△	车道摄像机	可对车道设定区域实时录像，图像清晰	实操检验
22	字符叠加	车道摄像机、车道抓拍图像信息叠加清晰、正确	实操检验
23	车牌自动识别功能	对采集的车辆图像进行处理、识别，并保存识别结果，识别结果包含车牌号、识别时间、车牌颜色等	实操检验
24	车牌识别准确率	≥95%	连续测试 24h 以上，查验 200 张以上图片
25△	RSU 通信区域	宽度≤3.3m	场强仪测量
26△	车道初始状态	车道信息指示屏显示车道关闭，车道栏杆处于水平关闭状态，收费亭内显示器显示内容符合设计要求，并具有防止恶意登录功能	实操检验，登录时输入正确、错误各一次验证恶意登录功能
27△	车道打开状态	成功登录后能打开车道，系统进入工作状态	实操检验
28	车道软件系统登录与退出	启动车道软件后，能可靠登录与退出	实操检验
29	车道设备工作状态监测及故障报警	能监测天线、电动栏杆、车道控制标志等车道设备的工作状态，设备故障时输出报警提示信息	实操检验
30	记录日志查询	能查询通行车辆交易流程日志信息	实操检验
31△	车道收费数据上传功能	车辆交易数据正确上传至上级收费系统	功能验证
32	时钟同步功能	车道系统时钟与上级收费系统时钟同步一致	与主时钟进行比对
33△	数据传输	车道与上级收费系统间能准确传输收费数据	实操检验
34	车道维修和复位操作处理	维护菜单允许授权维护员进行车道维护和复位操作	实操检验
35	支持双片式 OBU、单片式 OBU 交易	同时支持双片式 OBU、单片式 OBU 交易，并可在 OBU（或 ETC 卡）内清除入口信息	实操检验

续表 6.2.2

项次	检查项目	技术要求	检查方法
36	支持 CPC 卡交易	支持 CPC 卡交易，清除卡内过站信息和计费信息	实操检验
37	车辆信息采集	自动检测识别通行车辆的车牌、车型等信息，支持人工校核、修正自动识别的车辆信息	实操检验
38	收费参数接收与更新	具备接收、更新收费参数（通行费率、状态名单、信用黑名单、大件运输车辆名单、省内通行费优化减免名单、“两客一危”车辆名单等）功能，并将特情车辆信息写入交易记录中	实操检验
39	接收出口称重检测数据	能够接收出口称重检测数据，并按相关规定判定、处置	实操检验
40	承载 ETC 门架功能	具备接收、更新省联网中心下发的本站收费费率并计算通行费，完成计费、收费后清除入口信息、过站信息及计费信息，形成通行交易记录	实操检验
41	信息自动匹配	ETC 交易记录、CPC 卡通行记录与车辆抓拍图片进行自动匹配，并实时上传至收费站系统	实操检验
42△	断网复原功能	断开车道控制机与收费站的通信链路，车道工作状态正常，通信链路恢复后数据无丢失	功能验证
43	同时有 OBU、CPC 卡车情处理	按 CPC 卡车辆处置	实操检验
44	无 CPC 卡、坏卡车辆处理	按通行车辆车牌号、车型、入口信息计算通行费	实操检验或查看历史记录
45	CPC 卡内无入口信息或实际车型、车牌与卡内信息不符车辆处理	按通行车辆车牌号、车型信息计算通行费	实操检验或查看历史记录
46	ETC 车辆特情处理	对标签拆卸、标签失效、状态名单、信用黑名单、未插用户卡、卡签不一致等特情车辆，符合设定的处理流程，费额信息显示屏显示特情提示信息与现实情况一致	实操检验或查看历史记录
47	货车超限超载车辆处理	符合设定的操作流程，具备拦截超限超载车辆功能	实车测试或查验历史记录

续表 6.2.2

项次	检查项目	技术要求	检查方法
48△	正常 ETC 客车通行交易流程	客 1、客 2、客 3、客 4 分别通行，交易处理和扣费正确，费额信息显示屏及时正确显示全程通行费金额及相关信息	实车测试或查验历史记录
49△	正常 ETC 货车通行交易流程	货 1、货 2、货 3、货 4、货 5、货 6 分别通行，交易处理和扣费正确，费额信息显示屏及时正确显示全程通行费金额及相关信息	实车测试或查验历史记录
50△	正常 ETC 专项作业车通行交易流程	专项 1、专项 2、专项 3、专项 4、专项 5、专项 6 分别通行，交易处理和扣费正确，费额信息显示屏及时正确显示全程通行费金额及相关信息	实车测试或查验历史记录
51△	MTC 客车通行交易流程	客 1、客 2、客 3、客 4 分别通行，交易处理和计费正确，费额信息显示屏及时正确显示全程通行费金额及相关信息	实车测试或查验历史记录
52△	MTC 货车通行交易流程	货 1、货 2、货 3、货 4、货 5、货 6 分别通行，交易处理和计费正确，费额信息显示屏及时正确显示全程通行费金额及相关信息	实车测试或查验历史记录
53△	MTC 专项作业车通行交易流程	专项 1、专项 2、专项 3、专项 4、专项 5、专项 6 分别通行，交易处理和计费正确，费额信息显示屏及时正确显示全程通行费金额及相关信息	实车测试或查验历史记录
54	跟车干扰交易流程	电子标签正常车辆跟随电子标签异常或无电子标签车辆进入出口混合车道，能正确完成交易与放行	实车测试

6.2.3 出口混合车道设备外观质量应符合下列规定：

1 不应存在本标准附录 C 所列限制缺陷。

2 电动（手动）栏杆挡杆上反光标记应完整醒目。

6.3 ETC 专用车道设备及软件

6.3.1 ETC 专用车道设备及软件应符合下列基本要求：

1 电动（手动）栏杆、天线、车道控制机、显示终端、专用键盘、专用费额信息显示屏、车辆检测器、摄像机等设备应符合国家和行业现行相关标准的规定。

2 ETC 专用车道设备及配件的型号规格、数量应符合合同要求，部件完整。

3 全部设备安装调试完毕，车道设备及软件应处于正常工作状态。

4 ETC 专用车道软件包括系统软件与应用软件，系统软件应合法授权、应提供正式的授权使用证书，应用软件应提供软件开发、测试文件。

6.3.2 ETC 专用车道设备及软件实测项目应符合表 6.3.2 的规定。

表 6.3.2 ETC 专用车道设备及软件实测项目

项次	检查项目	技术要求	检查方法
1△	车道设备绝缘电阻	强电端子对机壳≥50MΩ	500V 绝缘电阻测试仪测量
2△	车道设备共用接地电阻	≤1Ω	接地电阻测量仪测量
3	天线安装高度	符合设计要求，无要求时：≥5.5m	量具测量
4	天线立柱防腐涂层厚度	符合设计要求，无要求时：≥85μm	涂层测厚仪测量
5	车道信息指示屏的色度和亮度	色度符合现行 GB/T 23828 的规定，亮度符合设计要求，无要求时亮度≥5 000cd/m^2	色度/亮度计测量
6△	车道信息指示屏控制与显示	切换控制正常，显示信息正确	实操检验
7	收费天棚车道控制标志的色度和亮度	色度符合现行 JT/T 597 的规定，夜间亮度≥1 000cd/m^2	色度/亮度计测量
8△	收费天棚车道控制标志控制和显示	可按设计要求控制，显示正确	实操检验
9△	收费车道通行信号灯控制和显示	可按设计要求控制，显示正确	实操检验
10	车道专用费额信息显示屏色度和亮度	色度符合现行 GB/T 23828 的规定，亮度符合设计要求，无要求时：≥1 500cd/m^2	色度/亮度计测量
11△	车道专用费额信息显示屏信息显示	通过车辆时，能够正确显示全程通行费金额或其他设定的信息	实操检验，观察费额显示屏显示信息
12△	闪光报警器	能按设定要求触发，正确响应	实操检验

续表 6.3.2

项次	检 查 项 目	技 术 要 求	检 查 方 法
13	电动栏杆起/落时间	符合设计要求，无要求时：≤1.0s	计时器具测量
14	电动栏杆机壳防腐涂层厚度	符合设计要求，无要求时：≥76μm	涂层测厚仪测量
15△	电动栏杆机功能	能按规定操作流程动作，且具有防砸车和水平回转功能	实操检验
16	环形线圈电感量	符合设计要求，无要求时满足50～1 000μH	电感测量仪测量
17	专用键盘	操作灵活，响应准确	实操检验
18△	车道图像抓拍	车辆进入车道时能启动图像抓拍功能，抓拍信息符合设计要求，并能按规定格式存储转发	实操检验
19△	车道摄像机	可对车道设定区域实时录像，图像清晰	实操检验
20	字符叠加	车道摄像机、车道抓拍图像信息叠加清晰、正确	实操检验
21	车牌自动识别功能	对采集的车辆图像进行处理、识别，并保存识别结果，识别结果包含车牌号、识别时间、车牌颜色等	实操检验
22	车牌识别正确率	≥95%	连续测试 24h 以上，查验 200 张以上图片
23△	RSU 通信区域	宽度≤3.3m	场强仪测量
24△	车道初始状态	车道信息指示屏显示车道关闭，车道栏杆处于水平关闭状态，收费亭内显示器显示内容符合设计要求，并具有防止恶意登录功能	实操检验，登录时输入正确、错误各一次验证恶意登录功能
25△	车道打开状态	成功登录后能打开车道，系统进入工作状态	实操检验
26	车道软件系统登录与退出	启动车道软件后，能可靠登录与退出	实操检验
27	车道设备工作状态监测及故障报警	能监测天线、电动栏杆、车道控制标志等车道设备的工作状态，设备故障时输出报警提示信息	实操检验
28	记录日志查询	能查询通行车辆交易流程日志信息	实操检验

续表 6.3.2

项次	检查项目	技术要求	检查方法
29△	车道收费数据上传功能	车辆交易数据正确上传至上级收费系统	实操检验
30	时钟同步功能	车道系统时钟与上级收费系统时钟同步一致	与主时钟进行比对
31△	数据传输	车道与上级收费系统间能准确传输收费数据	实操检验
32	车道维修和复位操作处理	维护菜单允许授权维护员进行车道维护和复位操作	实操检验
33	支持双片式 OBU、单片式 OBU 交易	同时支持双片式 OBU、单片式 OBU 交易，并可在 OBU（或 ETC 卡）内写入入口信息	实操检验
34	收费参数接收与更新	具备接收、更新收费参数（通行费率、状态名单、信用黑名单、大件运输车辆名单、省内通行费优化减免名单、“两客一危”车辆名单等）功能，并将特情车辆信息写入交易记录中	实操检验
35	承载 ETC 门架功能	具备接收、更新省联网中心下发的本站收费费率并计算通行费，形成通行交易记录	实操检验
36△	断网复原功能	断开车道控制机与收费站的通信链路，车道工作状态正常，通信链路恢复后数据无丢失	功能验证
37	特情车辆处理	对标签拆卸、标签失效、状态名单、信用黑名单、未插用户卡、卡签不一致等特情车辆，符合设定的处理流程，费额信息显示屏显示特情提示信息与现实情况一致	实操检验或查看日志记录
38	超限超载车辆处理	符合设定的操作流程，具备拦截超限超载车辆功能	实车测试或查验历史记录
39△	正常 ETC 客车通行交易流程	客 1、客 2、客 3、客 4 分别通行，交易正确，费额信息显示屏信息显示及时正确	实车测试或查验历史记录
40△	正常 ETC 货车通行交易流程	货 1、货 2、货 3、货 4、货 5、货 6 分别通行，交易正确，费额信息显示屏信息显示及时正确	实车测试或查验历史记录

续表 6.3.2

项次	检 查 项 目	技 术 要 求	检 查 方 法
41△	正常 ETC 专项作业车通行交易流程	专项1、专项2、专项3、专项4、专项5、专项6分别通行，交易正确，费额信息显示屏信息显示及时正确	实车测试或查验历史记录
42	跟车干扰交易流程	电子标签异常车辆跟随电子标签正常车辆进入 ETC 车道，跟车距离≥2m 时，能正确完成交易与放行	跟车距离按 3m、2m、1m 分别测试
		电子标签正常车辆跟随电子标签异常车辆进入 ETC 车道，跟车距离≥2m 时，能正确完成交易与放行	

6.3.3　ETC 专用车道设备外观质量应符合下列规定：

1　不应存在本标准附录 C 所列限制缺陷。

2　电动（手动）栏杆挡杆上反光标记应完整醒目。

6.4　ETC 门架系统

6.4.1　ETC 门架系统应符合下列基本要求：

1　车道控制机、天线、车牌识别设备、摄像机、交换机、供配电设备、标志、标线、护栏等应符合国家和行业现行相关标准的规定。

2　ETC 门架系统设备及配件的型号规格、数量应符合合同要求，部件完整。

3　全部设备安装调试完毕，系统应处于正常工作状态。

6.4.2　ETC 门架系统实测项目应符合表 6.4.2 的规定。

表 6.4.2　ETC 门架系统实测项目

项次	检 查 项 目	技 术 要 求	检 查 方 法
1	基础尺寸	符合设计要求，允许偏差：（-50，+100）mm	长、宽用卷尺测量，埋深查隐蔽工程验收记录或实测
2	机箱、立柱防腐涂层厚度	符合设计要求，无要求时符合现行 GB/T 18226 的规定	涂层测厚仪测量
3△	保护接地电阻	≤4Ω	接地电阻测量仪测量
4△	防雷接地电阻	≤10Ω	接地电阻测量仪测量

续表 6.4.2

项次	检查项目	技术要求	检查方法
5△	共用接地电阻	如外场设备的保护接地体和防雷接地体未分开设置，则共用接地电阻≤1Ω	接地电阻测量仪测量
6	设备状态监测功能	可按设计要求对车道控制器、RSU、车牌识别设备、机柜环境、供电、通信网络等工作状态进行远程监测监控	功能验证
7△	ETC 分段计费	实行 ETC 分段计费，形成 ETC 通行记录	实操检验或查验历史通行记录
8△	CPC 卡分段计费	实行 CPC 卡分段计费，形成 CPC 卡通行记录	实操检验或查验历史通行记录
9	车辆图像抓拍与车牌自动识别	前置、后置摄像机能够对通行车辆进行图像抓拍，抓拍图片清晰完整，并输出车牌自动识别结果	功能验证
10	车牌识别正确率	≥95%	在安装该门架的上（下）行断面连续测试 24h 以上，查验 200 张以上图片
11△	记录生成、存储、查询	按设计要求生成、存储 ETC 通行记录、CPC 卡通行记录、车辆图像记录以及状态监测记录等，并在收费稽核系统中能够查询有关记录	功能验证
12	设备远程控制	对关键设备（天线、车牌识别设备、车道控制器等）允许远程授权登录，调整更新关键设备参数，获取 ETC 门架日志、备份车辆通行记录和图片等，支持系统在线升级	功能验证
13△	主备天线系统切换	具备主、备天线系统联网运行工作能力，当主天线系统运行异常时，及时自动切换到备用天线系统，确保天线系统不间断工作	实操检验
14	参数管理	能正确接收上级系统下发的运行参数，更新运行参数后系统能正常运行	功能验证
15	数据存储重传	网络故障时，系统可离线运行，并存储车辆通行记录信息。网络恢复后，自动将存储的车辆通行记录数据上传	功能验证

续表 6.4.2

项次	检查项目		技术要求	检查方法
16	通行记录匹配		ETC 通行记录、CPC 卡通行记录与车辆图像抓拍记录进行自动匹配，匹配结果正确且无重复记录	实操检验或查验历史记录
17△	时钟同步		与北斗授时时钟同步	实操检验
18	数据传输		ETC 通行记录、CPC 卡通行记录、抓拍的车辆图像等数据正确上传至上级收费系统	实操检验
19	主备通信链路切换		现有收费主通信链路运行异常时，及时自动切换到备用通信链路	实操检验
20	通信区域		区域满足车辆通行正确交易的需求	OBU 测试
21	RSU 工作信号强度		不低于 OBU、CPC 卡接收灵敏度，或满足 ETC 车辆和 CPC 卡车辆通行时的数据交互要求	在 ETC 门架系统通信区域内自动采集 RSU 工作信号，测试 RSU 工作信号强度
22△	RSU 工作频率		信道 1：5.830GHz 信道 2：5.840GHz	在 ETC 门架系统通信区域内自动采集 RSU 工作信号，测试 RSU 工作频率
23△	RSU 占用带宽		≤5MHz	在 ETC 门架系统通信区域内自动采集 RSU 工作信号，测试 RSU 工作信号占用带宽
24	RSU 前导码		16 位“1”加 16 位“0”	在 ETC 门架系统通信区域内自动采集 RSU 工作信号，测试 RSU 工作信号前导码
25△	RSU 通信流程		符合最新规定的 RSU 与 OBU、RSU 与 CPC 卡的 DSRC 通信流程	在 ETC 门架系统通信区域内自动采集 RSU 工作信号，测试 RSU 工作信号通信流程
26	一体化机柜	26.1　安装条件	具备 10U 以上 19 英寸机架的安装空间	实操检验
		26.2　户外空调	支持柜内温度自动调整，可根据各地区环境温度差异设定柜内温度	实操检验
		26.3　动环监测	可监测烟雾、水浸、温湿度、门禁等状态	功能验证
		26.4　防盗和防破坏	安装防盗锁，柜体无裸露可拆卸部件	实操检验

续表 6.4.2

项次		检查项目	技术要求	检查方法
26	一体化机柜	26.5 门禁控制	门禁能远程控制，并可对开、关状态进行监测	实操检验
		26.6 柜内照明	照明灯具工作正常	实操检验
		26.7 火灾报警	可探测火灾并报警	实操检验
		26.8 移动发电机接入功能	能在需要时接入移动发电机	实操检验
27	供配电设备	27.1 输入输出电压	符合 220V、380V 等标准电压等级要求，偏差 ±7% 以内	电压表实测
		27.2 远程控制与监测	能远程控制电源输入、输出通断，并对供电情况进行实时监测	功能验证
		27.3 自动报警和保护	过欠压、过流、过载时供电系统能自动报警，并启动保护	功能验证
		27.4 电源冗余运行	主、备电源并机冗余运行，当正常供电或备用电源任一路发生故障时，另一路能够零时间切换为设备供电	功能验证
		27.5 电源切换	主、备电源可进行零时间切换，保证设备工作不间断	功能验证

6.4.3 ETC 门架系统外观质量应符合下列规定：

1 不应存在本标准附录 C 所列限制缺陷。

6.5 收费站设备及软件

6.5.1 收费站设备及软件应符合下列基本要求：

1 收费站内设备及配件的型号规格、数量应符合合同要求，部件完整。

2 全部设备安装调试完毕，收费站设备及软件应处于正常工作状态。

3 收费站软件包括系统软件与应用软件，系统软件应合法授权、应提交正式的授权使用证书，应用软件应提供软件开发、测试文件。

6.5.2 收费站设备及软件实测项目应符合表 6.5.2 的规定。

表 6.5.2 收费站设备及软件实测项目

项次	检查项目	技术要求	检查方法
1△	收费站共用接地电阻	≤1Ω	接地电阻测量仪测量
2△	对车道设备的实时监视功能	收费站监视计算机可实时监视、显示车道设备的状态及操作情况	功能验证

续表 6.5.2

项次	检查项目	技术要求	检查方法
3	原始数据查询统计功能	通过专用服务器和收费管理计算机可查询、统计原始数据	功能验证
4△	图像稽查功能	能稽查所有出入口车道通行车辆图像	功能验证
5	报表生成打印功能	能通过收费管理计算机打印各种报表	功能验证
6	费率表查看功能	能通过收费管理计算机查看费率表	功能验证
7	与车道控制机的数据通信功能	专用服务器在不同模式下可和车道控制机实现规定数据的通信	功能验证
8△	数据备份功能	依据所指定的备份策略，对收费数据和部分重要文件进行备份，并且在系统出现故障时，可根据需要对收费数据或文件进行恢复	功能验证
9	字符叠加功能	在监视器上可观察到叠加的信息	功能验证
10	与收费分中心的数据交换功能	按设计要求与收费分中心交换规定的数据	功能验证
11	断网数据上传功能	与收费中心计算机通信故障时，数据可在本地存储，并能在通信恢复后上传至收费中心计算机	功能验证
12△	图像切换功能	监视计算机能切换显示各车道及收费亭内摄像机图像	功能验证
13	查看特殊事件功能	能查看入口、出口车道特殊事件处理明细	功能验证
14	系统恢复功能	系统崩溃或电源故障修复或排除后，重新启动系统，系统能自动恢复至正常工作状态	功能验证或核查历史记录

6.5.3　收费站设备外观质量应符合下列规定：

1　不应存在本标准附录 C 所列限制缺陷。

2　控制台上设备布局符合设计要求，安装稳固、横竖端正、标识正确清楚。

3　CCTV 监视器布局合理，屏幕拼接完整，无明显歪斜，安装稳固、横竖端正、标识正确清楚。

6.6 收费分中心设备及软件

6.6.1 收费分中心设备及软件应符合下列基本要求：

1 收费分中心设备及配件的型号规格、数量应符合合同要求，部件完整。

2 全部设备安装调试完毕，收费分中心设备及软件应处于正常工作状态。

3 收费分中心软件包括系统软件与应用软件，系统软件应合法授权、应提交正式的授权使用证书，应用软件应提供软件开发、测试文件。

6.6.2 收费分中心设备及软件实测项目应符合表 6.6.2 的规定。

表 6.6.2 收费分中心设备及软件实测项目

项次	检查项目	技术要求	检查方法
1△	收费分中心共用接地电阻	≤1Ω	接地电阻测量仪测量
2△	与收费站的数据传输功能	定时或实时查询、采集各收费站的数据	功能验证
3△	图像稽查功能	能稽查所有出入口车道“有问题”车辆图像	功能验证
4	通行卡管理功能	能进行通行卡发放和调拨管理	功能验证
5	报表统计管理及打印功能	收费分中心计算机能打印报表	功能验证
6	对各站及车道 CCTV 图像切换及控制功能	能切换、控制各收费站、车道的 CCTV 图像	功能验证
7△	数据备份功能	依据所指定的备份策略，对收费数据和部分重要文件进行备份，并且在系统出现故障时，能根据需要对收费数据或文件进行恢复	功能验证
8	系统恢复功能	系统崩溃或电源故障修复或排除后，重新启动系统，系统能自动恢复至正常工作状态	功能验证或核查历史记录

6.6.3 收费分中心设备外观质量应符合下列规定：

1 不应存在本标准附录 C 所列限制缺陷。

2 控制台上设备布局符合设计要求，安装稳固、横竖端正、标识正确清楚。

3 CCTV 监视器布局合理，屏幕拼接完整，无明显歪斜，安装稳固、横竖端正、标识正确清楚。

6.7　联网收费管理中心（收费中心）设备及软件

6.7.1　联网收费管理中心（收费中心）设备及软件应符合下列基本要求：

1　联网收费管理中心设备及配件的型号规格、数量应符合合同要求，部件完整。

2　全部设备安装调试完毕，联网收费管理中心（收费中心）设备及软件应处于正常工作状态。

3　联网收费管理中心（收费中心）软件包括系统软件与应用软件，系统软件应合法授权、应提交正式的授权使用证书，应用软件应提供软件开发、测试文件。

6.7.2　联网收费管理中心（收费中心）设备及软件实测项目应符合表 6.7.2 的规定。

表 6.7.2　联网收费管理中心（收费中心）设备及软件实测项目

项次	检查项目	技术要求	检查方法
1△	联网收费管理中心共用接地电阻	≤1Ω	接地电阻测量仪测量
2△	费率表、车型分类参数的设置与变更	能设置、变更费率表、车型分类参数，并下传到收费站	实操检验
3△	时钟同步功能	能对收费系统的时钟进行统一校准	与下级系统时钟进行比对
4	通行卡管理功能	通过授权正确制作通行卡、公务卡、身份卡，并能记录、统计、查询本中心发行卡的信息	功能验证
5	票证管理功能	能完成票证的入库、发放、核销和调拨等管理功能	功能验证或核查记录
6	通行费拆分	能按规定自动或手动完成通行费的正确拆分	实操检验
7△	数据备份功能	依据所指定的备份策略，对收费数据和部分重要文件进行备份，并且在系统出现故障时，能根据需要对收费数据或文件进行恢复	功能验证
8△	参数下发	黑名单、费率等参数下发符合设计要求	实操检验
9△	报表生成及打印	符合设计要求	实操检验
10△	通行费清分记账	符合设计要求	实操检验
11△	通行费拆账划拨	符合设计要求	实操检验

续表 6.7.2

项次	检 查 项 目	技 术 要 求	检 查 方 法
12△	通行费结算	符合设计要求	实操检验
13△	黑名单管理	符合设计要求	实操检验
14	基础数据管理	能完成查询、增加、删除、修改现有收费路网的联网收费系统运行参数，无须修改软件源程序代码	实操检验
15	数据传输	能按设计要求实现收费数据的自动接收或手动重传，能与下级收费系统实现数据交换	实操检验
16	系统恢复功能	系统崩溃或电源故障修复或排除后，重新启动系统，系统能自动恢复至正常工作状态	功能验证或核查历史记录
17	软件性能	系统在正常运行稳定后，能满足设计要求的性能	实操检验或查验软件评测报告

6.7.3 联网收费管理中心（收费中心）设备外观质量应符合下列规定：

1 不应存在本标准附录 C 所列限制缺陷。

6.8 IC 卡发卡编码系统

6.8.1 IC 卡发卡编码系统应符合下列基本要求：

1 IC 卡发卡编码系统设备及配件的型号规格、数量应符合合同要求，部件完整。

2 全部设备安装调试完毕，系统应处于正常工作状态。

6.8.2 IC 卡发卡编码系统实测项目应符合表 6.8.2 的规定。

表 6.8.2 IC 卡发卡编码系统实测项目

项次	检 查 项 目	技 术 要 求	检 查 方 法
1	发卡设备绝缘电阻	强电端子对机壳≥50MΩ	500V 绝缘电阻测试仪测量
2	发放身份 IC 卡	可制作不同类型的身份卡	实操检验
3	发放公务 IC 卡	可制作公务卡	实操检验
4	发放预付 IC 卡	可制作预付卡	实操检验
5	预付卡业务查询、统计与打印	路段分中心可为持卡人开设系列查询业务，可打印对账单等	实操检验
6	发放通行 IC 卡	可制作通行卡	实操检验
7	兼容功能	能适应符合标准的不同生产企业的卡	功能验证
8△	防冲突功能	可同时识别两张卡，识别正确	功能验证

6.8.3　IC卡发卡编码系统外观质量应符合下列规定：

1　不应存在本标准附录C所列限制缺陷。

6.9　内部有线对讲及紧急报警系统

6.9.1　内部有线对讲及紧急报警系统应符合下列基本要求：

1　内部有线对讲及紧急报警系统设备及配件的型号规格、数量应符合合同要求，部件完整。

2　全部设备安装调试完毕，系统应处于正常工作状态。

6.9.2　内部有线对讲及紧急报警系统实测项目应符合表6.9.2的规定。

表6.9.2　内部有线对讲及紧急报警系统实测项目

项次	检查项目	技术要求	检查方法
1△	主机全呼分机	主机能同时向所有分机广播	实操检验
2△	主机单呼某个分机	主机能呼叫系统内任一个分机	实操检验
3△	分机呼叫主机	分机能呼叫主机	实操检验
4△	分机之间的串音	分机之间不能相互通话	实操检验
5	扬声器音量调节	音量可调	实操检验
6	话音质量	话音清晰，音量适中，无噪声、断字等缺陷	实操检验
7	按钮状态指示灯	主机上有可视信号显示呼叫的分机号码	实操检验，目测主机显示呼叫分机号码是否正确
8	语音电话系统	主机与各分机间能呼叫通话，话音清晰，音量适中，无噪声、断字等缺陷	实操检验
9	语音侦听功能	可实现收费操作过程中的语音录制及侦听	功能验证
10△	手动/脚踏报警功能	按动报警开关可驱动报警器	功能验证
11	报警信号输出功能	触发报警时，闭路电视监视系统可自动切换到相应摄像机图像	功能验证

6.9.3　内部有线对讲及紧急报警系统外观质量应符合下列规定：

1　不应存在本标准附录C所列限制缺陷。

6.10 超限检测系统

6.10.1 超限检测系统应符合下列基本要求：

1 电动栏杆、车道控制机、车辆分离器、轮胎识别器、显示终端、车牌自动识别设备、车辆检测器、摄像机等设备应符合国家和行业现行相关标准的规定。

2 超限检测系统设备及配件的型号规格、数量应符合合同要求，部件完整。

3 超限检测系统中使用的计重承载器应通过相关部门的型式评价，并通过计量部门的检定，取得相应证书并在有效期内。

4 全部设备安装调试完毕，系统应处于正常工作状态。

6.10.2 超限检测系统实测项目应符合表6.10.2的规定。

表6.10.2 超限检测系统实测项目

项次	检查项目	技术要求	检查方法
1△	车道设备绝缘电阻	强电端子对机壳≥50MΩ	500V绝缘电阻测试仪测量
2	接地连接	保护地、防雷地的接地连接线可靠连接到接地汇流排上	目测检查，必要时用接地电阻测量仪测量
3△	设备共用接地电阻	≤1Ω	接地电阻测量仪测量
4	电动栏杆机壳防腐涂层厚度	符合设计要求，无要求时：≥76μm	涂层测厚仪测量
5△	电动栏杆功能	可按设定操作流程动作，且具有防砸车和水平回转功能	功能验证
6	车道通行信号灯控制和显示	可按设计要求控制，显示正确	实操检验
7△	图像抓拍	车辆进入车道时能启动图像抓拍功能，抓拍信息符合设计要求，并能按规定格式存储转发	功能验证
8	车道摄像机	可对车道设定区域实时录像，图像清晰	实操检验
9	字符叠加	车道摄像机、车道抓拍图像信息叠加清晰、正确	实操检验
10	车牌自动识别功能	对采集的图像进行处理、识别，并保存识别结果，识别结果包含车牌号、识别时间、车牌颜色等	功能验证
11△	闪光报警器	能按设定要求触发，正确响应	实操检验
12	车辆分离器功能	工作稳定，输出结果正确	功能验证

续表 6.10.2

项次	检查项目	技术要求	检查方法
13	轴型识别器功能	工作稳定，输出结果正确	功能验证
14	线圈电感量	符合设计要求，无要求时满足 50～1 000μH	电感测量仪测量
15△	计重控制处理器功能	能对计重车辆车型分类识别；能将实测单轴数据或整车数据及时传至超限检测系统	功能验证
16△	计重精度	符合设计要求	查验计量检定证书
17	计重校准功能	可设置系统到校准工作模式，并通过仪表面板上的按钮或厂商提供的设定工具，对计重设备进行校准	功能验证
18	视频监视功能	可对超限检测站区全覆盖监视并录像	功能验证
19	系统登录与退出	启动超限检测系统后，能可靠登录与退出	实操检验
20	信息输出与显示	按设计要求输出与显示车辆载重等信息	实操检验
21	超限信息显示屏色亮度	色度符合现行 GB/T 23828 的规定，亮度符合设计要求，无要求时：≥1 500cd/m^2	色度/亮度计测量
22△	超限报警与处理功能	通过车辆被检测到超限时，系统可自动报警，并按设计要求启动超限处理程序	功能验证
23	数据查询与统计	超限检测管理计算机能查询、统计超限检测数据，并按设计要求输出统计报表	实操检验
24	数据传输	断开超限检测系统与上级系统的通信链路后，系统能正常工作，恢复通信链路后，系统可完整传输检测数据	功能验证

6.10.3　超限检测系统外观质量应符合下列规定：

1　不应存在本标准附录 C 所列限制缺陷。

6.11　闭路电视监视系统

6.11.1　闭路电视监视系统应符合下列基本要求：

1　闭路电视监视系统设备应符合现行《视频矩阵》（JT/T 897）等相关标准的规定。

2　闭路电视监视系统设备及配件的型号规格、数量应符合合同要求，部件完整。

3　收费广场摄像机基础安装结构应稳定，立柱安装竖直、牢固。

4　摄像机（云台）、车道以及收费亭内摄像机安装方位、高度应符合设计要求。

5　收费中心（分中心）、收费站、收费车道视频监控系统的连接应按设计要求已开通。

6　全部设备安装调试完毕，系统应处于正常工作状态。

6.11.2　闭路电视监视系统实测项目应符合表 6.11.2 的规定。

表 6.11.2　闭路电视监视系统实测项目

<table>
<tr><th>项次</th><th colspan="3">检查项目</th><th>技术要求</th><th>检查方法</th></tr>
<tr><td>1</td><td colspan="3">基础尺寸</td><td>符合设计要求，允许偏差：（－50，＋100）mm</td><td>长、宽用卷尺测量，埋深查隐蔽工程验收记录或实测</td></tr>
<tr><td>2</td><td colspan="3">机箱、立柱防腐涂层厚度</td><td>符合设计要求，无要求时符合现行 GB/T 18226 的规定</td><td>涂层测厚仪测量</td></tr>
<tr><td>3</td><td colspan="3">立柱竖直度</td><td>≤5mm/m</td><td>全站仪或竖直度测量仪测量</td></tr>
<tr><td>4△</td><td colspan="3">绝缘电阻</td><td>强电端子对机壳≥50MΩ</td><td>500V 绝缘电阻测试仪测量</td></tr>
<tr><td>5△</td><td colspan="3">保护接地电阻</td><td>≤4Ω</td><td>接地电阻测量仪测量</td></tr>
<tr><td>6△</td><td colspan="3">防雷接地电阻</td><td>≤10Ω</td><td>接地电阻测量仪测量</td></tr>
<tr><td>7△</td><td colspan="3">共用接地电阻</td><td>如外场设备的保护接地体和防雷接地体未分开设置，则共用接地电阻≤1Ω</td><td>接地电阻测量仪测量</td></tr>
<tr><td rowspan="4">8</td><td rowspan="4">传输通道指标</td><td rowspan="4">8.1　标清模拟复合视频信号</td><td>△8.1.1　视频电平</td><td>（700±30）mV</td><td>信号发生器发送 75% 彩条信号或 2T 正弦平方波和条脉冲信号，用视频测试仪测量</td></tr>
<tr><td>△8.1.2　同步脉冲幅度</td><td>（300±20）mV</td><td>信号发生器发送 75% 彩条信号或 2T 正弦平方波和条脉冲信号，用视频测试仪测量</td></tr>
<tr><td>△8.1.3　回波 E</td><td>＜7%</td><td>信号发生器发送 2T 正弦平方波和条脉冲信号，用视频测试仪测量</td></tr>
<tr><td>8.1.4　亮度非线性</td><td>≤5%</td><td>信号发生器发送非调制五阶梯信号，用视频测试仪测量</td></tr>
</table>

续表 6.11.2

项次		检查项目		技术要求	检查方法
8	传输通道指标	8.1　标清模拟复合视频信号	8.1.5　色度/亮度增益不等	±5%	信号发生器发送副载波填充的10T信号或副载波填充的条脉冲信号，用视频测试仪测量
			8.1.6　色度/亮度时延差	≤100ns	信号发生器发送副载波填充的10T信号或副载波填充的条脉冲信号，用视频测试仪测量
			8.1.7　微分增益	≤10%	信号发生器发送调制五阶梯信号，用视频测试仪测量
			8.1.8　微分相位	≤10°	信号发生器发送调制五阶梯信号，用视频测试仪测量
			△8.1.9　幅频特性（5.8MHz 带宽内）	±2dB	信号发生器发送 sinx/x 信号，用视频测试仪测量
			△8.1.10　视频信噪比（加权）	≥56dB	信号发生器发送多波群信号，用视频测试仪测量
		8.2　高清 Y、C_R(P_R)、C_B(P_B)视频信号	△8.2.1　Y 信号输出量化误差	-10%～10%	数字信号发生器发送高清晰度2T脉冲和条幅信号，用数字视频测试仪测量
			△8.2.2　C_R（P_R）信号输出量化误差	-10%～10%	数字信号发生器发送高清晰度2T脉冲和条幅信号，用数字视频测试仪测量
			△8.2.3　C_B（P_B）信号输出量化误差	-10%～10%	数字信号发生器发送高清晰度2T脉冲和条幅信号，用数字视频测试仪测量
			△8.2.4　Y 信号幅频特性	30MHz 带宽内 ±3dB	数字信号发生器发送高清晰度多波群信号或 sinx/x 信号，用数字视频测试仪测量
			8.2.5　Y、C_B(P_B)、C_R（P_R）信号的非线性失真,%	≤5	数字信号发生器发送高清晰度五阶梯波信号，用数字视频测试仪测量
			△8.2.6　亮度通道的线性响应（Y 信号的 K 系数）	≤3%	数字信号发生器发送高清晰度2T脉冲和条幅信号，用数字视频测试仪测量

续表 6.11.2

项次		检查项目		技术要求	检查方法
8	传输通道指标	8.2 高清 Y、$C_R(P_R)$、$C_B(P_B)$视频信号	8.2.7 Y/C_B(Y/P_B)、Y/C_R(Y/P_R) 信号时延差	±10ns	数字信号发生器发送高清晰度彩条信号，用数字视频测试仪测量
			△8.2.8 Y、$C_B(P_B)$、C_R (P_R) 信号的信噪比（加权）	≥56dB	数字信号发生器发送静默行信号，用数字视频测试仪测量
		8.3 高清 G、B、R 视频信号	△8.3.1 G 信号输出量化误差	−10% ~10%	数字信号发生器发送高清晰度 2T 脉冲和条幅信号，用数字视频测试仪测量
			△8.3.2 B 信号输出量化误差	−10% ~10%	数字信号发生器发送高清晰度 2T 脉冲和条幅信号，用数字视频测试仪测量
			△8.3.3 R 信号输出量化误差	−10% ~10%	数字信号发生器发送高清晰度 2T 脉冲和条幅信号，用数字视频测试仪测量
			△8.3.4 G/B/R 信号幅频特性	30MHz 带宽内 ±3dB	数字信号发生器发送高清晰度多波群信号或 sinx/x 信号，用数字视频测试仪测量
			8.3.5 G、B、R 信号的非线性失真	≤5%	数字信号发生器发送高清晰度五阶梯波信号，用数字视频测试仪测量
			△8.3.6 亮度通道的线性响应（G、B、R 信号的 K 系数）	≤3%	数字信号发生器发送高清晰度 2T 脉冲和条幅信号，用数字视频测试仪测量
			8.3.7 G/B、G/R、B/R 信号时延差	±10ns	数字信号发生器发送高清晰度彩条信号，用数字视频测试仪测量
			△8.3.8 G、B、R 信号的信噪比	≥56dB	数字信号发生器发送静默行信号，用数字视频测试仪测量

续表 6.11.2

项次	检查项目			技术要求	检查方法
9	监视器画面指标△	9.1 标清模拟复合视频信号	9.1.1 雪花	≥4 分	人工（不少于 3 人）主观评分
			9.1.2 网纹	≥4 分	
			9.1.3 黑白滚道	≥4 分	
			9.1.4 跳动	≥4 分	
		9.2 高清视频信号	9.2.1 失真	≥4 分	
			9.2.2 拖尾	≥4 分	
			9.2.3 跳帧	≥4 分	
			9.2.4 抖动	≥4 分	
			9.2.5 马赛克	≥4 分	
10△	数据传输性能		10.1 IP 网络吞吐率	满足设计文件中编码器最大码流要求，无要求时 1 518 帧长≥99%	以太网性能测试仪测量
			10.2 IP 网络传输时延	符合设计要求，无要求时：≤10ms	以太网性能测试仪测量
			10.3 IP 网络丢包率	不大于 70% 流量负荷时：≤0.1%	以太网性能测试仪测量
11△	云台水平转动角度			水平≥350°	实操检验
12△	云台垂直转动角度			上仰≥15°，下俯≥90°	实操检验
13△	监视内容			监控员能清楚识别车型、车牌等信息	实操检验
14△	外场摄像机安装稳定性			受大风影响或接受变焦、转动等操控时，画面动作平滑、无抖动	实操检验
15	自动光圈调节			自动调节	实操检验
16	调焦功能			快速自动聚焦	功能验证
17	变倍功能			可对摄像机镜头的放大倍数进行调整	功能验证
18△	切换功能			监控终端可切换系统内任何摄像机	功能验证
19△	录像功能			可录像，且录像回放清晰	功能验证
20	信息叠加功能			能将时间、位置（车道号、收费亭号）等信息叠加到图像上，且显示清楚	功能验证

续表 6.11.2

项次	检查项目	技术要求	检查方法
21△	复原功能	加电后，设备能自动恢复到正常通信状态，能与上位机或控制系统连接，并可靠工作	功能验证

注：主观评分可采用五级损伤制评定。
（1）图像上不觉察有损伤或干扰存在：5 分。
（2）图像上稍有可觉察的损伤或干扰存在：4 分。
（3）图像上有明显的损伤或干扰存在：3 分。
（4）图像上损伤或干扰较严重：2 分。
（5）图像上损伤或干扰极严重：1 分。

6.11.3 闭路电视监视系统外观质量应符合下列规定：

1 不应存在本标准附录 C 所列限制缺陷。

6.12 收费站区光缆、电缆线路工程

6.12.1 收费站区光缆、电缆线路工程应符合下列基本要求：

1 收费站区内各种光缆、电缆的型号规格、数量应符合合同要求。

2 光缆、电缆的敷设、接续、预留及成端等应符合现行相关技术规范要求。

3 光缆、电缆绑扎应牢靠，松紧适度、紧密，绑扎线扣均匀、整齐、一致。

4 槽道、托架内光缆、电缆应顺直，无明显扭绞和交叉，不溢出槽道、托架，不侧翻；拐弯适度；进出槽道、托架应绑扎整齐。

5 槽道、托架应做可靠接地连接。

6.12.2 收费站区光缆、电缆线路工程实测项目应符合表 6.12.2 的规定。

表 6.12.2 收费站区光缆、电缆线路工程实测项目

项次	检查项目	技术要求	检查方法
1	单模光纤总衰耗	符合设计要求	光时域反射计或光源、光功率计测量
2	多模光纤总衰耗	符合设计要求	光时域反射计或光源、光功率计测量
3△	电力电缆绝缘电阻	≥2MΩ	500V 绝缘电阻测试仪测量
4	光缆、电缆埋深	符合设计要求	查隐蔽工程记录，必要时实操检验

6.12.3 收费站区光缆、电缆线路工程外观质量应符合下列规定：

1 光缆、电缆配线箱（架）安装端正、稳固，配件齐全；光缆、电缆接续箱

（盒）安装牢固，密封良好。

2　光缆、电缆线路应路由正确、缆线保护措施得当、排列整齐、绑扎牢固、预留长度符合规定，标识正确清楚。

6.13　收费系统计算机网络

6.13.1　收费系统计算机网络应符合下列基本要求：

1　网线、插座、连接头、网卡、集线器、交换机、路由器、调制解调器、服务器等网络设备的型号规格、数量应符合合同要求，部件完整。

2　插座、双绞线接头的压接形式（线对分配）应符合现行 EIA/TIA 568A 或 586B 的规定，且在一个系统中只能选用一种压接形式，不得混用。

3　全部设备安装调试完毕，收费系统计算机网络应处于正常工作状态。

6.13.2　收费系统计算机网络实测项目应符合表 6.13.2 的规定。

表 6.13.2　收费系统计算机网络实测项目

<table>
<tr><th>项次</th><th colspan="2">检查项目</th><th>技术要求</th><th>检查方法</th></tr>
<tr><td>1△</td><td colspan="2">接线图</td><td>符合现行 GB/T 50312 的规定</td><td>网络认证测试仪测量</td></tr>
<tr><td>2</td><td colspan="2">长度</td><td>符合现行 GB/T 50312 的规定</td><td>网络认证测试仪测量</td></tr>
<tr><td>3△</td><td colspan="2">回波损耗</td><td>符合现行 GB/T 50312 的规定</td><td>网络认证测试仪测量</td></tr>
<tr><td>4</td><td colspan="2">插入损耗</td><td>符合现行 GB/T 50312 的规定</td><td>网络认证测试仪测量</td></tr>
<tr><td>5△</td><td colspan="2">近端串音</td><td>符合现行 GB/T 50312 的规定</td><td>网络认证测试仪测量</td></tr>
<tr><td>6</td><td colspan="2">近端串音功率和</td><td>符合现行 GB/T 50312 的规定</td><td>网络认证测试仪测量</td></tr>
<tr><td>7</td><td colspan="2">衰减远端串音比</td><td>符合现行 GB/T 50312 的规定</td><td>网络认证测试仪测量</td></tr>
<tr><td>8</td><td colspan="2">衰减远端串音比功率和</td><td>符合现行 GB/T 50312 的规定</td><td>网络认证测试仪测量</td></tr>
<tr><td>9</td><td colspan="2">衰减近端串音比</td><td>符合现行 GB/T 50312 的规定</td><td>网络认证测试仪测量</td></tr>
<tr><td>10</td><td colspan="2">衰减近端串音比功率和</td><td>符合现行 GB/T 50312 的规定</td><td>网络认证测试仪测量</td></tr>
<tr><td>11</td><td colspan="2">环路电阻</td><td>符合现行 GB/T 50312 的规定</td><td>网络认证测试仪测量</td></tr>
<tr><td>12</td><td colspan="2">时延</td><td>符合现行 GB/T 50312 的规定</td><td>网络认证测试仪测量</td></tr>
<tr><td>13</td><td colspan="2">时延偏差</td><td>符合现行 GB/T 50312 的规定</td><td>网络认证测试仪测量</td></tr>
<tr><td rowspan="4">14△</td><td rowspan="4">以太网系统性能要求</td><td>14.1　链路传输速率</td><td>符合设计要求，无要求时符合 10Mbps、100Mbps、1 000Mbps 的规定</td><td rowspan="4">以太网性能测试仪测量</td></tr>
<tr><td>14.2　吞吐率</td><td>符合设计要求，无要求时 1 518 帧长≥99%</td></tr>
<tr><td>14.3　传输时延</td><td>符合设计要求，无要求时：≤10ms</td></tr>
<tr><td>14.4　丢包率</td><td>不大于 70% 流量负荷时：≤0.1%</td></tr>
</table>

续表 6.13.2

项次	检查项目		技术要求	检查方法
15△	以太网链路层健康状况	15.1 链路利用率	≤70%	以太网性能测试仪测量
		15.2 错误率及各类错误	≤1%	
		15.3 广播帧及组播帧	≤50fps	
		15.4 冲突(碰撞)率	≤1%	
16△	网络安全性能		符合设计要求	访谈、文档核查、配置核查、案例验证测试、漏洞扫描测试、渗透性测试等

6.13.3 收费系统计算机网络外观质量应符合下列规定：

1 网络设备、网线线槽、信息插座布放整齐美观，安装牢固、标识清楚。

2 线缆布放路由正确、绑扎牢固、端头连接规范、标识正确清楚，线缆弯曲半径和预留长度应符合现行《综合布线系统工程验收规范》（GB/T 50312）的规定。

7　供配电设施

7.1　中压配电设备

7.1.1　中压配电设备应符合下列基本要求：

1　电力变压器、电抗器以及消弧线圈、互感器、真空断路器、六氟化硫断路器、六氟化硫封闭式组合电器、隔离开关、负荷开关及高压熔断器、套管、电容器、避雷器等设备应符合现行《3.6kV～40.5kV交流金属封闭开关设备和控制设备》（GB/T 3906）等相关标准的规定。

2　中压配电设备及配件的型号规格、数量应符合合同要求，部件完整。

3　电气设备外露可导电部分，应与接地装置有可靠的电气连接。成排的配电装置的两端均应与接地线相连。

4　变配电所配电装置各回路的相序排列应一致，硬导体应涂刷相色油漆或相色标志。

5　变配电所列架布局应合理、安装稳固、无剧烈震动和爆炸危险介质。

6　变压器室、配电室、电容器室应设置防止雨、雪和蛇、鼠类小动物从采光窗、通风窗、门、电缆沟等进入室内的设施。

7.1.2　中压配电设备实测项目应符合表7.1.2的规定。

表7.1.2　中压配电设备实测项目

项次		检查项目	技术要求	检查方法
1	电力变压器	1.1　绝缘油或SF6气体	符合GB 50150—2016中第8.0.3条的规定	符合GB 50150—2016中第8.0.3条要求的绝缘油综合测试仪或SF6气体综合测试仪测量
		1.2　绕组连同套管的直流电阻	符合GB 50150—2016中第8.0.4条的规定	直流电阻快速测试仪测量
		1.3　分接头电压比	符合GB 50150—2016中第8.0.5条的规定	全自动变比组别极性测试仪测量
		1.4　变压器三相接线组别和单相变压器引出线极性	符合GB 50150—2016中第8.0.6条的规定	全自动变比组别极性测试仪测量
		1.5　铁心及夹件的绝缘电阻	符合GB 50150—2016中第8.0.7条的规定	直流绝缘电阻测试仪测量

续表 7.1.2

项次			检 查 项 目	技 术 要 求	检 查 方 法
1	电力变压器		1.6 非纯瓷套管	符合 GB 50150—2016 中第 8.0.8 条的规定	交流耐压试验仪、直流绝缘电阻测试仪、绝缘油综合测试仪或 SF6 气体综合测试仪测量
			1.7 有载调压切换装置的检查和试验	符合 GB 50150—2016 中第 8.0.9 条的规定	实操检验
			1.8 绕组连同套管的绝缘电阻、吸收比或极化指数	符合 GB 50150—2016 中第 8.0.10 条的规定	直流绝缘电阻测试仪测量
			1.9 绕组连同套管的交流耐压	符合 GB 50150—2016 中第 8.0.13 条的规定	交流耐压试验仪测量
			1.10 额定电压下的冲击合闸	符合 GB 50150—2016 中第 8.0.15 条的规定	冲击电压试验仪测量
			1.11 相位	符合 GB 50150—2016 中第 8.0.16 条的规定	核相器测量
2	电抗器以及消弧线圈	干式电抗器	2.1 绕组连同套管的直流电阻	符合 GB 50150—2016 中第 9.0.3 条的规定	直流电阻快速测试仪测量
			2.2 绕组连同套管的绝缘电阻、吸收比或极化指数	符合 GB 50150—2016 中第 9.0.4 条的规定	直流绝缘电阻测试仪测量
			2.3 绕组连同套管的交流耐压	符合 GB 50150—2016 中第 9.0.6 条的规定	交流耐压试验仪测量
			2.4 额定电压下冲击合闸	符合 GB 50150—2016 中第 9.0.10 条的规定	冲击电压试验仪测量
		消弧线圈	2.5 绕组连同套管的直流电阻	符合 GB 50150—2016 中第 9.0.3 条的规定	直流电阻快速测试仪测量
			2.6 绕组连同套管的绝缘电阻、吸收比或极化指数	符合 GB 50150—2016 中第 9.0.4 条的规定	直流绝缘电阻测试仪测量
			2.7 绕组连同套管的交流耐压	符合 GB 50150—2016 中第 9.0.6 条的规定	交流耐压试验仪测量
			2.8 与铁心绝缘的各紧固件的绝缘电阻	符合 GB 50150—2016 中第 9.0.7 条的规定	直流绝缘电阻测试仪测量
		油浸式电抗器	2.9 绕组连同套管的直流电阻	符合 GB 50150—2016 中第 9.0.3 条的规定	直流电阻快速测试仪测量
			2.10 绕组连同套管的绝缘电阻、吸收比或极化指数	符合 GB 50150—2016 中第 9.0.4 条的规定	直流绝缘电阻测试仪测量
			2.11 绕组连同套管的交流耐压	符合 GB 50150—2016 中第 9.0.6 条的规定	交流耐压试验仪测量

续表 7.1.2

项次			检查项目	技术要求	检查方法
2	电抗器以及消弧线圈	油浸式电抗器	2.12　与铁心绝缘的各紧固件的绝缘电阻	符合 GB 50150—2016 中第 9.0.7 条的规定	直流绝缘电阻测试仪测量
			2.13　绝缘油	符合 GB 50150—2016 中第 9.0.8 条的规定	符合 GB 50150—2016 中第 9.0.8 条要求的绝缘油综合测试仪测量
			2.14　额定电压下冲击合闸	符合 GB 50150—2016 中第 9.0.10 条的规定	冲击电压试验仪测量
3	互感器		3.1　绕组的绝缘电阻	符合 GB 50150—2016 中第 10.0.3 条的规定	直流绝缘电阻测试仪测量
			3.2　局部放电	符合 GB 50150—2016 中第 10.0.5 条的规定	局部放电检测设备测量
			3.3　交流耐压	符合 GB 50150—2016 中第 10.0.6 条的规定	交流耐压试验仪测量
			3.4　绝缘介质性能	符合 GB 50150—2016 中第 10.0.7 条的规定	符合 GB 50150—2016 中第 10.0.7 条要求的绝缘油综合测试设备或 SF6 气体综合测试设备测量
			3.5　绕组的直流电阻	符合 GB 50150—2016 中第 10.0.8 条的规定	直流电阻快速测试仪测量
			3.6　接线组别和极性	符合 GB 50150—2016 中第 10.0.9 条的规定	全自动变比组别极性测试仪测量
			3.7　误差	符合 GB 50150—2016 中第 10.0.10 条的规定	互感器校验仪测量
			3.8　电流互感器的励磁特性曲线	符合 GB 50150—2016 中第 10.0.11 条的规定	电流互感器励磁特性曲线测试仪测量
			3.9　电磁式电压互感器的励磁特性	符合 GB 50150—2016 中第 10.0.12 条的规定	电压互感器励磁特性曲线测试仪测量
			3.10　电容式电压互感器(CVT)	符合 GB 50150—2016 中第 10.0.13 条的规定	电容式电压互感器测试仪测量
			3.11　密封性能	符合 GB 50150—2016 中第 10.0.14 条的规定	符合 GB 50150—2016 中第 10.0.14 条要求的 SF6 气体综合测试设备测量

续表 7.1.2

项次		检查项目	技术要求	检查方法
4	真空断路器	4.1　绝缘电阻	符合 GB 50150—2016 中第 11.0.2 条的规定	直流绝缘电阻测试仪测量
		4.2　每相导电回路的电阻	符合 GB 50150—2016 中第 11.0.3 条的规定	直流电阻快速测试仪测量
		4.3　交流耐压	符合 GB 50150—2016 中第 11.0.4 条的规定	交流耐压试验仪测量
		4.4　断路器主触头的分、合闸时间，分、合闸的同期性，合闸时触头的弹跳时间	符合 GB 50150—2016 中第 11.0.5 条的规定	高压开关特性综合测试仪测量
		4.5　分、合闸线圈及合闸接触器线圈的绝缘电阻和直流电阻	符合 GB 50150—2016 中第 11.0.6 条的规定	直流绝缘电阻测试仪和直流电阻快速测试仪测量
		4.6　断路器操动机构	符合 GB 50150—2016 中第 11.0.7 条的规定	符合 GB 50150—2016 中第 11.0.7 条要求的模拟试验
5	六氟化硫断路器	5.1　绝缘电阻	符合 GB 50150—2016 中第 12.0.2 条的规定	直流绝缘电阻测试仪测量
		5.2　每相导电回路的电阻	符合 GB 50150—2016 中第 12.0.3 条的规定	直流电阻快速测试仪测量
		5.3　交流耐压	符合 GB 50150—2016 中第 12.0.4 条的规定	交流耐压试验仪测量
		5.4　断路器均压电容器	符合 GB 50150—2016 中第 12.0.5 条的规定	符合 GB 50150—2016 中第 18 章的电容器试验
		5.5　断路器的分、合闸时间	符合 GB 50150—2016 中第 12.0.6 条的规定	高压开关特性综合测试仪测量
		5.6　断路器的分、合闸速度	符合 GB 50150—2016 中第 12.0.7 条的规定	高压开关特性综合测试仪测量
		5.7　断路器主、辅触头分、合闸的同期性及配合时间	符合 GB 50150—2016 中第 12.0.8 条的规定	高压开关特性综合测试仪测量
		5.8　断路器合闸电阻的投入时间及电阻值	符合 GB 50150—2016 中第 12.0.9 条的规定	高压开关特性综合测试仪测量
		5.9　断路器分、合闸线圈绝缘电阻及直流电阻	符合 GB 50150—2016 中第 12.0.10 条的规定	直流绝缘电阻测试仪和直流电阻快速测试仪测量
		5.10　断路器操动机构	符合 GB 50150—2016 中第 12.0.11 条的规定	符合 GB 50150—2016 中第 12.0.11 条要求的模拟试验
		5.11　套管式电流互感器	符合 GB 50150—2016 中第 12.0.12 条的规定	符合 GB 50150—2016 中第 10.0.1 条要求的互感器试验

续表 7.1.2

项次		检查项目	技术要求	检查方法
5	六氟化硫断路器	5.12　断路器内 SF6 气体的含水率	符合 GB 50150—2016 中第 12.0.13 条的规定	符合 GB 50150—2016 中第 12.0.13 条要求的 SF6 气体综合测试设备测量
		5.13　密封性试验	符合 GB 50150—2016 中第 12.0.14 条的规定	符合 GB 50150—2016 中第 12.0.14 条要求的 SF6 气体综合测试设备测量
		5.14　气体密度继电器、压力表和压力动作阀	符合 GB 50150—2016 中第 12.0.15 条的规定	实操检验
6	六氟化硫封闭式组合电器	6.1　主回路的导电电阻	符合 GB 50150—2016 中第 13.0.2 条的规定	直流电阻快速测试仪测量
		6.2　封闭式组合电器内各元件	符合 GB 50150—2016 中第 13.0.3 条的规定	按 GB 50150—2016 中第 13.0.3 条的要求进行试验
		6.3　密封性	符合 GB 50150—2016 中第 13.0.4 条的规定	符合 GB 50150—2016 中第 13.0.4 条要求的 SF6 气体综合测试设备测量
		6.4　六氟化硫气体含水率	符合 GB 50150—2016 中第 13.0.5 条的规定	符合 GB 50150—2016 中第 13.0.5 条要求的 SF6 气体综合测试设备测量
		6.5　交流耐压	符合 GB 50150—2016 中第 13.0.6 条的规定	交流耐压试验仪测量
		6.6　组合电器的操动	符合 GB 50150—2016 中第 13.0.7 条的规定	按 GB 50150—2016 中第 13.0.7 条要求的条件进行模拟试验
		6.7　气体密度继电器、压力表和压力动作阀	符合 GB 50150—2016 中第 13.0.8 条的规定	实操检验
7	隔离开关、负荷开关及高压熔断器	7.1　绝缘电阻	符合 GB 50150—2016 中第 14.0.2 条的规定	直流绝缘电阻测试仪测量
		7.2　高压限流熔丝管熔丝的直流电阻	符合 GB 50150—2016 中第 14.0.3 条的规定	直流电阻快速测试仪测量
		7.3　负荷开关导电回路的电阻	符合 GB 50150—2016 中第 14.0.4 条的规定	直流电阻快速测试仪测量
		7.4　交流耐压	符合 GB 50150—2016 中第 14.0.5 条的规定	交流耐压试验仪测量
		7.5　操动机构线圈的最低动作电压	符合 GB 50150—2016 中第 14.0.6 条的规定	按 GB 50150—2016 中第 14.0.6 条要求的条件进行模拟试验
		7.6　操动机构	符合 GB 50150—2016 中第 14.0.7 条的规定	实操检验

续表 7.1.2

项次		检查项目	技术要求	检查方法
8	套管	8.1 绝缘电阻	符合 GB 50150—2016 中第 15.0.2 条的规定	直流绝缘电阻测试仪测量
		8.2 交流耐压	符合 GB 50150—2016 中第 15.0.4 条的规定	交流耐压试验仪测量
		8.3 绝缘油（有机复合绝缘套管除外）	符合 GB 50150—2016 中第 15.0.5 条的规定	符合 GB 50150—2016 中第 15.0.5 条要求的绝缘油综合测试设备测量
		8.4 SF6 套管气体	符合 GB 50150—2016 中第 15.0.6 条的规定	符合 GB 50150—2016 中第 15.0.6 条要求的 SF6 气体综合测试设备测量
9	悬式绝缘子和支柱绝缘子	9.1 绝缘电阻	符合 GB 50150—2016 中第 16.0.2 条的规定	直流绝缘电阻测试仪测量
		9.2 交流耐压	符合 GB 50150—2016 中第 16.0.3 条的规定	交流耐压试验仪测量
10	电容器	10.1 绝缘电阻	符合 GB 50150—2016 中第 18.0.2 条的规定	直流绝缘电阻测试仪测量
		10.2 耦合电容器、断路器电容器的介质损耗角正切值 $\tan\delta$ 及电容值	符合 GB 50150—2016 中第 18.0.3 条的规定	电容器测试仪测量
		10.3 电容值	符合 GB 50150—2016 中第 18.0.4 条的规定	局部放电检测设备测量
		10.4 并联电容器交流耐压	符合 GB 50150—2016 中第 18.0.5 条的规定	交流耐压试验仪测量
		10.5 冲击合闸	符合 GB 50150—2016 中第 18.0.6 条的规定	冲击电压试验仪测量
11	避雷器	11.1 金属氧化物避雷器及基座绝缘电阻	符合 GB 50150—2016 中第 20.0.3 条的规定	直流绝缘电阻测试仪测量
		11.2 金属氧化物避雷器的工频参考电压和持续电流	符合 GB 50150—2016 中第 20.0.4 条的规定	按 GB 50150—2016 中第 20.0.4 条要求的条件进行模拟试验
		11.3 金属氧化物避雷器直流参考电压和 0.75 倍直流参考电压下的泄漏电流	符合 GB 50150—2016 中第 20.0.5 条的规定	按 GB 50150—2016 中第 20.0.5 条要求的条件进行模拟试验
		11.4 放电计数器动作情况及监视电流表指示	符合 GB 50150—2016 中第 20.0.6 条的规定	实操检验
		11.5 工频放电电压	符合 GB 50150—2016 中第 20.0.7 条的规定	交流耐压试验仪测量

续表 7.1.2

项次		检查项目	技术要求	检查方法
12	二次回路	12.1　绝缘电阻	符合 GB 50150—2016 中第 22.0.2 条的规定	直流绝缘电阻测试仪测量
		12.2　交流耐压	符合 GB 50150—2016 中第 22.0.3 条的规定	交流耐压试验仪测量
13	接地装置	13.1　接地网电气完整性	符合 GB 50150—2016 中第 25.0.2 条的规定	直流电阻快速测试仪和万用表测量
		13.2　接地电阻	符合 GB 50150—2016 中第 25.0.3 条的规定	接地电阻测试仪测量
14		微机综合保护装置的定值	对微机综合保护装置的定值进行试验、对整组项目试验、对联动项目试验。检验是否与设计要求一致	微机继电保护测试仪测量

7.1.3　中压配电设备外观质量应符合下列规定：

1　不应存在本标准附录 C 所列限制缺陷。

2　中压配电设备高压警示标识正确清楚。

7.2　中压设备电力电缆

7.2.1　中压设备电力电缆应符合下列基本要求：

1　中压设备电力电缆应符合现行《额定电压 1kV（U_m = 1.2kV）到 35kV（U_m = 40.5kV）挤包绝缘电力电缆及附件　第 2 部分：额定电压 6kV（U_m = 7.2kV）到 30kV（U_m = 36kV）电缆》（GB/T 12706.2）、《额定电压 1kV（U_m = 1.2kV）到 35kV（U_m = 40.5kV）挤包绝缘电力电缆及附件　第 3 部分：额定电压 35kV（U_m = 40.5kV）电缆》（GB/T 12706.3）和《额定电压 1kV（U_m = 1.2kV）到 35kV（U_m = 40.5kV）挤包绝缘电力电缆及附件　第 4 部分：额定电压 6kV（U_m = 7.2kV）到 35kV（U_m = 40.5kV）电力电缆附件试验要求》（GB/T 12706.4）等相关标准的规定。

2　中压配电电力电缆及配件的型号规格、数量应符合合同要求，部件完整。

3　控制电缆和耐火电缆应采用铜导体。

4　电缆的路径应避免电缆遭受机械性外力、过热、腐蚀等危害。

5　直埋电缆两端铠装层接地处理措施应得当，电缆标识埋设应符合设计要求。

7.2.2　中压设备电力电缆实测项目应符合表 7.2.2 的规定。

表 7.2.2 中压设备电力电缆实测项目

项次		检查项目	技术要求	检查方法
1	电力电缆线路	1.1 绝缘电阻	符合 GB 50150—2016 中第 17.0.3 条的规定	直流绝缘电阻测试仪测量
		1.2 直流耐压试验及泄漏电流	符合 GB 50150—2016 中第 17.0.4 条的规定	直流耐压试验仪测量
		1.3 交流耐压	符合 GB 50150—2016 中第 17.0.5 条的规定	交流耐压试验仪测量
		1.4 电缆线路两端的相位	符合 GB 50150—2016 中第 17.0.6 条的规定	核相器测量
		1.5 交叉互联	符合 GB 50150—2016 中第 17.0.8 条的规定	按 GB 50150—2016 中附录 F 的要求进行试验
2	1kV 以上架空电力电缆	2.1 绝缘子和线路的绝缘电阻	符合 GB 50150—2016 中第 24.0.2 条的规定	直流绝缘电阻测试仪测量
		2.2 相位	符合 GB 50150—2016 中第 24.0.4 条的规定	核相器测量
		2.3 冲击合闸	符合 GB 50150—2016 中第 24.0.5 条的规定	冲击电压试验仪测量
		2.4 杆塔接地电阻	符合 GB 50150—2016 中第 24.0.6 条的规定	接地电阻测试仪测量

7.2.3 中压设备电力电缆外观质量应符合下列规定：

1 不应存在本标准附录 C 所列限制缺陷。

2 电缆成端沿电缆井引入时，电缆排列整齐有序、绑扎牢固。

3 进入墙壁有保护套管，预留长度满足现行相关技术规范要求。

4 中压配电设备高压警示标识正确清楚。

7.3 中心（站）内低压配电设备

7.3.1 中心（站）内低压配电设备应符合下列基本要求：

1 中心（站）内低压配电设备应符合现行《低压成套开关设备和控制设备》（GB/T 7251）等相关标准的规定。

2 中心（站）内低压配电设备及配件的型号规格、数量应符合合同要求，部件完整。

3 电气设备外露可导电部分，应与接地装置有可靠的电气连接。成排的配电装置的两端均应与接地线相连。

4 变配电所配电装置各回路的相序排列应一致，硬导体应涂刷相色油漆或相色标志。

5 变配电所列架布局应合理、安装稳固、无剧烈震动和无爆炸危险介质。

6 变压器室、配电室、电容器室应设置防止雨、雪和蛇、鼠类小动物从采光窗、通风窗、门、电缆沟等进入室内的设施。

7.3.2 中心（站）内低压配电设备实测项目应符合表7.3.2的规定。

表7.3.2 中心（站）内低压配电设备实测项目

<table>
<tr><th colspan="2">项次</th><th>检查项目</th><th colspan="2">技术要求</th><th>检查方法</th></tr>
<tr><td colspan="2">1</td><td>设备安装的水平度</td><td colspan="2">≤3mm/m</td><td>量具测量</td></tr>
<tr><td colspan="2">2</td><td>设备安装的垂直度</td><td colspan="2">≤3mm/m</td><td>竖直度测量仪测量</td></tr>
<tr><td colspan="2" rowspan="4">3</td><td rowspan="4">室内设备、列架的绝缘电阻</td><td>交流配电箱（柜）</td><td rowspan="4">符合设计要求，无要求时：≥2MΩ</td><td rowspan="4">500V绝缘电阻测试仪在设备内布线和地之间测量</td></tr>
<tr><td>直流配电箱（柜）</td></tr>
<tr><td>交流稳压器</td></tr>
<tr><td>不间断电源</td></tr>
<tr><td colspan="2">4</td><td>共用接地电阻</td><td colspan="2">≤1Ω</td><td>接地电阻测量仪测量</td></tr>
<tr><td colspan="2">5</td><td>发电机组控制柜绝缘电阻</td><td colspan="2">≥2MΩ</td><td>500V绝缘电阻测试仪测量</td></tr>
<tr><td colspan="2">6</td><td>发电机组启动及启动时间</td><td colspan="2">符合设计要求，无要求时：≤30s</td><td>实操检验</td></tr>
<tr><td colspan="2">7</td><td>发电机组相序</td><td colspan="2">与机组输出标志一致</td><td>相序指示器测量</td></tr>
<tr><td colspan="2">8</td><td>发电机组输出电压稳定性</td><td colspan="2">符合设计要求</td><td>实操检验或核查出厂测试报告</td></tr>
<tr><td colspan="2">9</td><td>自动发电机组自启动转换功能</td><td colspan="2">切断市电供电后，发电机组能自动启动，稳定后送入规定的线路，可手动优先切换</td><td>功能验证或核查有效的历史记录</td></tr>
<tr><td colspan="2">10</td><td>发电机组供电切换对机电系统的影响</td><td colspan="2">机电系统所有设备不因受到发电机组电源切换而出现工作异常</td><td>实操检验或核查有效的历史记录</td></tr>
<tr><td colspan="2">11</td><td>柴油发电机蓄电池</td><td colspan="2">蓄电池工作正常</td><td>实操检验</td></tr>
<tr><td colspan="2">12</td><td>电源室接地装置的施工质量</td><td colspan="2">接地体的材质和尺寸、安装位置及埋深、接地体引入线与接地体的连接以及防腐处理等符合设计要求</td><td>核查隐蔽工程验收记录和施工记录</td></tr>
<tr><td rowspan="3">13</td><td rowspan="3">1kV及以下电压等级配电装置和馈电线路（三级配电系统中的第一级）</td><td>13.1 绝缘电阻</td><td colspan="2">符合GB 50150—2016中第23.0.2条的规定</td><td>直流绝缘电阻测试仪测量</td></tr>
<tr><td>13.2 动力配电装置的交流耐压试验</td><td colspan="2">符合GB 50150—2016中第23.0.3条的规定</td><td>符合GB 50150—2016中第23.0.3条要求的设备进行试验</td></tr>
<tr><td>13.3 配电装置内不同电源的馈线间或馈线两侧的相位</td><td colspan="2">符合GB 50150—2016中第23.0.4条的规定</td><td>符合GB 50150—2016中第23.0.4条要求的设备进行测量</td></tr>
</table>

续表 7.3.2

项次		检 查 项 目	技 术 要 求	检 查 方 法
14	低压电器（三级配电系统中的第一级）	14.1　低压电器连同所连接电缆及二次回路的绝缘电阻	符合 GB 50150—2016 中第 26.0.3 条的规定	直流绝缘电阻测试仪测量
		14.2　电压线圈动作值校验	符合 GB 50150—2016 中第 26.0.4 条的规定	实操检验
		14.3　低压电器采用的脱扣器的整定	符合 GB 50150—2016 中第 26.0.6 条的规定	实操检验
		14.4　低压电器连同所连接电缆及二次回路的交流耐压	符合 GB 50150—2016 中第 26.0.8 条的规定	交流耐压试验仪或直流绝缘电阻测试仪测量
15		低压配电系统功率因数	≥0.90	功率分析仪或电能质量分析仪测量
16		N 线电流	≤三相相电流中相电流最小值的 25%	电能质量分析仪测量
17	电能质量	17.1　供电电压偏差	三相供电电压偏差为标称电压的 ±7%	电能质量分析仪测量 10min
		17.2　三相电压不平衡	供电电压负序不平衡测量值的 10min 方均根值的 95% 概率值≤2%	电能质量分析仪测量 10min
		17.3　电力系统频率偏差	频率偏差限值为 ±0.2Hz	电能质量分析仪测量
		17.4　公用电网谐波（电网标称电压 380V）	电压总谐波畸变率≤5.0%，奇次谐波电压含有率≤4.0%，偶次谐波电压含有率≤2.0%	电能质量分析仪测量 10min
			谐波电流允许值符合《电能质量　公用电网谐波》（GB/T 14549—1993）中表 2 注入公共连接点的谐波电流允许值的规定	电能质量分析仪测量 10min
18	UPS 和 EPS 功能及性能	18.1　输出电压	UPS 输出电压偏差为标称电压的 ±5%；EPS 逆变应急输出电压偏差为标称电压的 ±10%	电能质量分析仪测量 10min
		18.2　输出频率	频率偏差限值为 ±0.5Hz	电能质量分析仪测量每次取 1s、3s 或 10s 间隔内计到的整数周期与整数周期累计时间之比
		18.3　总谐波畸变率	UPS 输出和 EPS 逆变应急输出总谐波畸变率≤5%	电能质量分析仪测量 10min

续表 7.3.2

项次		检 查 项 目	技 术 要 求	检 查 方 法
18	UPS 和 EPS 功能及性能	18.4　市电与备用电源切换时间	符合设计要求	示波器测量
		18.5　显示功能	符合设计要求	功能验证
19	参数稳压电源	19.1　输出电压	输出电压偏差为标称电压的 ±5%	电能质量分析仪测量 10min
		19.2　输出频率	频率偏差限值为 ±0.5Hz	电能质量分析仪测量 10min
		19.3　总谐波畸变率	总谐波畸变率≤5%	电能质量分析仪测量 10min

7.3.3　中心（站）内低压配电设备外观质量应符合下列规定：

1　不应存在本标准附录 C 所列限制缺陷。

7.4　低压设备电力电缆

7.4.1　低压设备电力电缆应符合下列基本要求：

1　低压设备电力电缆应符合现行《额定电压 1kV（U_m = 1.2kV）到 35kV（U_m = 40.5kV）挤包绝缘电力电缆及附件　第 1 部分：额定电压 1kV（U_m = 1.2kV）和 3kV（U_m = 3.6kV）电缆》（GB/T 12706.1）等相关标准的规定。

2　低压配电电力电缆及配件的型号规格、数量应符合合同要求，部件完整。

3　控制电缆和耐火电缆应采用铜导体。

4　电缆的路径应避免电缆遭受机械性外力、过热、腐蚀等危害。

5　直埋电缆两端铠装层接地处理措施应得当，电缆标识埋设应符合设计要求。

7.4.2　低压设备电力电缆实测项目应符合表 7.4.2 的规定。

表 7.4.2　低压设备电力电缆实测项目

项次	检 查 项 目	技 术 要 求	检 查 方 法
1	配电箱基础尺寸及高程	符合设计要求	卷尺测量
2	电缆埋深或穿管敷设	符合设计要求	核查隐蔽工程记录或实操检验
3	配电箱涂层厚度	符合设计要求，无要求时符合现行 GB/T 18226 的规定	涂层测厚仪测量
4	相线对绝缘护套的绝缘电阻	≥2MΩ（全程）	500V 绝缘电阻测试仪测量
5	配线架对配电箱绝缘电阻	≥10MΩ	500V 绝缘电阻测试仪测量
6	电源箱、配电箱保护接地电阻	≤4Ω	接地电阻测量仪测量
7△	通风照明设施主干电缆和分支电缆型号规格	符合设计要求	实操检验

7.4.3 低压设备电力电缆外观质量应符合下列规定：

1 不应存在本标准附录C所列限制缺陷。

2 电缆成端沿电缆井引入时，电缆排列整齐有序、绑扎牢固。

3 进入墙壁有保护套管，预留长度满足使用要求。

7.5 风/光供电系统

7.5.1 风/光供电系统应符合下列基本要求：

1 风/光供电系统设备应符合现行《公路沿线设施太阳能供电系统通用技术规范》(GB/T 24716)等相关标准的规定。

2 风/光供电系统设备及配件的型号规格、数量应符合合同要求，部件完整。

3 电线、电缆的屏蔽护套接地连接应可靠，与接地干线应就近连接，紧固件齐全。

4 全部设备安装调试完毕，系统应处于正常工作状态。

7.5.2 风/光供电系统实测项目应符合表7.5.2的规定。

表7.5.2 风/光供电系统实测项目

项次	检查项目	技术要求	检查方法
1	立柱竖直度	≤5mm/m	全站仪或竖直度测量仪测量
2△	绝缘电阻	交流220V强电端子对地的绝缘电阻≥50MΩ	500V绝缘电阻测试仪测量
3△	保护接地电阻	≤4Ω	接地电阻测量仪测量
4△	防雷接地电阻	≤10Ω	接地电阻测量仪测量
5△	共用接地电阻	如风光供电系统的保护接地体和防雷接地体未分开设置，则共用接地电阻≤1Ω	接地电阻测量仪测量
6	6.1 直流输出电压	符合设计要求	万用表测量
	6.2 交流输出电压	符合设计要求	万用表测量
	6.3 输出电流	符合设计要求	万用表测量
7	监控功能	实时监视供电系统工作状态，采集和存储供电系统运行参数，按监控中心的命令对供电系统进行控制	功能验证
8	蓄电池管理功能	控制器能对蓄电池进行温度补偿和限流充电，能对蓄电池进行均充和浮充，具备手动或自动转换功能	功能验证
9	保护功能	控制器具有短路自动保护功能，防止蓄电池通过太阳能电池组件产生逆电流的保护功能，过、欠电压保护功能	功能验证
10	状态监测功能	能监测蓄电池电压，蓄电池充放电电流，风力发电机组输入电压/电流，光伏方阵输入电压/电流，负荷电流等参数	功能验证

7.5.3　风/光供电系统外观质量应符合下列规定：

1　不应存在本标准附录 C 所列限制缺陷。

7.6　电动汽车充电系统

7.6.1　电动汽车充电系统应符合下列基本要求：

1　电动汽车充电系统设备应符合现行《电动汽车传导充电系统》（GB/T 18487）等相关标准的规定。

2　电动汽车充电系统设备及配件的型号规格、数量应符合合同要求，部件完整。

3　电线、电缆的屏蔽护套接地连接应可靠，与接地干线应就近连接，紧固件齐全。

4　全部设备安装调试完毕，系统应处于正常工作状态。

7.6.2　电动汽车充电系统实测项目应符合表 7.6.2 的规定。

表 7.6.2　电动汽车充电系统实测项目

项次	检查项目	技术要求	检查方法
1	竖直度	≤5mm/m	竖直度测量仪测量
2△	绝缘电阻	≥10MΩ	500V 绝缘电阻测试仪测量
3△	保护接地电阻	≤4Ω	接地电阻测量仪测量
4△	防雷接地电阻	≤10Ω	接地电阻测量仪测量
5△	共用接地电阻	如电动汽车充电系统的保护接地体和防雷接地体未分开设置，则共用接地电阻≤1Ω	接地电阻测量仪测量
6	输入、输出电压	符合设计要求	实操检验
7	充电模式	符合现行 GB/T 18487 的规定	实操检验
8	电动汽车和供电设备之间的连接	符合现行 GB/T 18487 的规定	实操检验
9	保护功能	系统具备雷电、过载和短路保护功能	功能验证

7.6.3　电动汽车充电系统外观质量应符合下列规定：

1　不应存在本标准附录 C 所列限制缺陷。

7.7　电力监控系统

7.7.1　电力监控系统应符合下列基本要求：

1　电力监控中心机房应整洁，通风、照明良好。

2　电力监控中心所有设备及配件的型号规格、数量应符合合同要求，部件完整。

3　全部设备安装调试完毕，系统应处于正常工作状态。

7.7.2　电力监控系统实测项目应符合表7.7.2的规定。

表7.7.2　电力监控系统实测项目

项次	检查项目		技术要求	检查方法
1	通信管理		监视网络上各节点的运行工况，通信故障时产生报警并自动复位	实操检验
2	遥测功能	2.1　10kV回路遥测功能	能遥测10kV回路三相电压、电流、有功功率、无功功率、功率因数、频率等参数	功能验证
		2.2　低压总开关回路遥测功能	能遥测低压总开关回路三相电压、电流、有功功率、无功功率、功率因数、频率、用电量等参数	
		2.3　变压器遥测功能	能遥测变压器温度、配电柜内温度等参数	
		2.4　馈线遥测功能	能遥测0.4kV馈线电流	
		2.5　UPS和EPS遥测功能	能遥测UPS和EPS的输入电压、输出电压、输入电流、输出电流，输出频率，充电电流，蓄电池电压等参数	
		2.6　发电机遥测功能	能遥测发电机电压、电流和频率等参数	
3	遥信功能	3.1　10kV回路遥信功能	能遥信10kV进线、出线开关位置状态与故障报警	功能验证
		3.2　变压器遥信功能	能遥信变压器出线总开关状态，熔丝熔断信号，接地状态，变压器温度，风机启动信号	
		3.3　开关状态、接触器、断路器遥信功能	能遥信0.4kV出线手/自动转换开关状态、接触器、断路器运行状态及故障报警	
		3.4　无功补偿遥信功能	能遥信无功补偿状态信号及刀熔开关和断路器接通信号	
		3.5　UPS和EPS遥信功能	能遥信UPS和EPS交流/逆变供电，过载，蓄电池放电后电压过低，逆变器或变换器故障	
4	遥控功能	4.1　高、低压母线遥控功能	能遥控高、低压母线的分合闸	功能验证
		4.2　无功补偿装置遥控功能	能遥控无功补偿装置投切	
		4.3　照明柜、风机柜遥控功能	能遥控照明柜、风机柜等的分合闸	
		4.4　发电机遥控功能	能遥控市电/发电机供电转换、机组开机、机组关机	
5	配电室环境监控		具备入侵自动报警功能，温、湿度监测功能，烟雾监测功能	实操检验
6	报表管理功能		能查询设计文件要求的各类报表	功能验证

7.7.3　电力监控系统外观质量应符合下列规定：

1　不应存在本标准附录 C 所列限制缺陷。

2　控制台上设备布局合理，安装稳固、横竖端正、标识正确清楚。

8　照明设施

8.1　路段照明设施

8.1.1　路段照明设施应符合下列基本要求：

1　路段照明灯具设备根据类型应符合现行《升降式高杆照明装置》（GB/T 26943）和《公路 LED 照明灯具》（JT/T 939）等相关标准的规定。

2　路段照明设备及配件的型号规格、数量应符合合同要求，部件完整。

3　照明灯具安装支架的结构尺寸、预埋件、安装方位、安装间距等应符合设计要求。

4　全部设备安装调试完毕，路段照明设施应处于正常工作状态。

8.1.2　路段照明设施实测项目应符合表 8.1.2 的规定。

表 8.1.2　路段照明设施实测项目

项次	检查项目	技术要求	检查方法
1	灯杆基础尺寸	符合设计要求，允许偏差：（－50，＋100）mm	长、宽用卷尺测量，埋深查隐蔽工程验收记录或实测
2△	灯杆壁厚	符合设计要求	超声波测厚仪测量
3	金属灯杆防腐涂层厚度	符合设计要求，无要求时符合现行 GB/T 18226 的规定	涂层测厚仪测量
4	灯杆垂直度	≤3mm/m	全站仪或竖直度测量仪测量
5△	照明设备控制装置的保护接地电阻	≤4Ω	接地电阻测量仪测量
6△	灯杆防雷接地电阻	≤10Ω	接地电阻测量仪测量
7△	路面平均亮度	符合设计要求，无要求时：≥2cd/m^2	亮度计测量
8△	路面亮度总均匀度	符合设计要求，无要求时：≥0.4	亮度计测量
9△	路面亮度纵向均匀度	符合设计要求，无要求时：≥0.7	亮度计测量
10	照明控制方式	具有自动、手动两种控制方式或符合设计要求	实操检验
11	高杆灯灯盘升降功能	符合设计要求	功能验证

续表 8.1.2

项次	检查项目	技术要求	检查方法
12	亮度传感器与照明灯具的联动功能	符合设计要求	功能验证
13	定时控制功能	可控	功能验证

8.1.3　路段照明设施外观质量应符合下列规定：

1　不应存在本标准附录 C 中所列限制缺陷。

8.2　收费广场照明设施

8.2.1　收费广场照明设施应符合下列基本要求：

1　收费广场照明灯具设备根据类型应符合现行《升降式高杆照明装置》（GB/T 26943）和《公路 LED 照明灯具》（JT/T 939）等相关标准的规定。

2　收费广场照明设备及配件的型号规格、数量应符合合同要求，部件完整。

3　照明灯具安装支架的结构尺寸、预埋件、安装方位、安装间距等应符合设计要求。

4　全部设备安装调试完毕，收费广场照明设施应处于正常工作状态。

8.2.2　收费广场照明设施实测项目应符合表 8.2.2 的规定。

表 8.2.2　收费广场照明设施实测项目

项次	检查项目	技术要求	检查方法
1	灯杆基础尺寸	符合设计要求，允许偏差：（−50，+100）mm	长、宽用卷尺测量，埋深查隐蔽工程验收记录或实测
2△	灯杆壁厚	符合设计要求	超声波测厚仪测量
3	金属灯杆防腐涂层厚度	符合设计要求，无要求时符合现行 GB/T 18226 的规定	涂层测厚仪测量
4	灯杆竖直度	≤3mm/m	全站仪或竖直度测量仪测量
5△	照明设备控制装置的接地电阻	≤4Ω	接地电阻测量仪测量
6△	灯杆防雷接地电阻	≤10Ω	接地电阻测量仪测量
7△	收费广场路面平均照度	符合设计要求，无要求时：≥20lx	照度计测量
8△	收费广场路面照度总均匀度	符合设计要求，无要求时：≥0.4	照度计测量
9	照明控制方式	具有自动、手动两种控制方式或符合设计要求	实操检验
10	高杆灯灯盘升降功能	符合设计要求	功能验证
11	亮度传感器与照明灯具的联动功能	符合设计要求	功能验证
12	定时控制功能	可控	功能验证

8.2.3 收费广场照明设施外观质量应符合下列规定：

1 不应存在本标准附录 C 所列限制缺陷。

8.3 服务区照明设施

8.3.1 服务区照明设施应符合下列基本要求：

1 服务区照明灯具设备根据类型应符合现行《升降式高杆照明装置》(GB/T 26943)和《公路 LED 照明灯具》(JT/T 939) 等相关标准的规定。

2 服务区照明设备及配件的型号规格、数量应符合合同要求，部件完整。

3 照明灯具安装支架的结构尺寸、预埋件、安装方位、安装间距等应符合设计要求。

4 全部设备安装调试完毕，服务区照明设施应处于正常工作状态。

8.3.2 服务区照明设施实测项目应符合表 8.3.2 的规定。

表 8.3.2 服务区照明设施实测项目

项次	检查项目	技术要求	检查方法
1	灯杆基础尺寸	符合设计要求，允许偏差：(−50，+100) mm	长、宽用卷尺测量，埋深查隐蔽工程验收记录或实测
2△	灯杆壁厚	符合设计要求	超声波测厚仪测量
3	金属灯杆防腐涂层厚度	符合设计要求，无要求时符合现行 GB/T 18226 的规定	涂层测厚仪测量
4	灯杆竖直度	≤3mm/m	全站仪或竖直度测量仪测量
5△	照明设备控制装置的接地电阻	≤4Ω	接地电阻测量仪测量
6△	灯杆防雷接地电阻	≤10Ω	接地电阻测量仪测量
7	服务区路面平均照度	符合设计要求，无要求时：≥10lx	照度计测量
8	服务区路面照度总均匀度	符合设计要求，无要求时：≥0.3	照度计测量
9	照明控制方式	具有自动、手动两种控制方式或符合设计要求	实操检验
10	高杆灯灯盘升降功能	符合设计要求	功能验证
11	亮度传感器与照明灯具的联动功能	符合设计要求	功能验证
12	定时控制功能	可控	功能验证

8.3.3 服务区照明设施外观质量应符合下列规定：

1 不应存在本标准附录 C 所列限制缺陷。

8.4 收费天棚照明设施

8.4.1 收费天棚照明设施应符合下列基本要求：

1 收费天棚照明设备及配件的型号规格、数量应符合合同要求，部件完整。

2 照明灯具安装应牢固可靠。

3 全部设备安装调试完毕，收费天棚照明设施应处于正常工作状态。

8.4.2 收费天棚照明设施实测项目应符合表8.4.2的规定。

表8.4.2 收费天棚照明设施实测项目

项次	检查项目	技术要求	检查方法
1△	照明设备控制装置的接地电阻	≤4Ω	接地电阻测试仪测量
2△	收费车道路面平均照度	符合设计要求，无要求时：≥50lx	照度计测量
3△	收费车道路面照度总均匀度	符合设计要求，无要求时：≥0.6	照度计测量
4△	收费车道路面平均亮度	符合设计要求，无要求时：≥3.5cd/m^2	亮度计测量
5	收费车道路面亮度总均匀度	符合设计要求，无要求时：≥0.5	亮度计测量
6	收费车道路面亮度纵向均匀度	符合设计要求，无要求时：≥0.8	亮度计测量
7	显色指数	符合设计要求，无要求时：≥70	光谱辐射计测量
8	照明控制方式	具有自动、手动两种控制方式或符合设计要求	实操检验
9	定时控制功能	可控	功能验证

8.4.3 收费天棚照明设施外观质量应符合下列规定：

1 不应存在本标准附录C所列限制缺陷。

9 隧道机电设施

9.1 车辆检测器

9.1.1 车辆检测器分项工程的检验评定应按本标准第4.1节执行。

9.2 闭路电视监视系统

9.2.1 闭路电视监视系统分项工程的检验评定应按本标准第4.3节执行。

9.3 紧急电话与有线广播系统

9.3.1 紧急电话与有线广播系统应符合下列基本要求：

1 紧急电话与有线广播系统设备应符合现行《高速公路有线紧急电话系统》(GB/T 19516)等相关标准的规定。

2 紧急电话与有线广播系统设备及配件的型号规格、数量应符合合同要求，部件完整。

3 紧急电话分机上的标志应符合现行《道路交通标志和标线》(GB 5768)的规定。

4 全部设备安装调试完毕，系统应处于正常工作状态。

9.3.2 紧急电话与有线广播系统实测项目应符合表9.3.2的规定。

表9.3.2 紧急电话与有线广播系统实测项目

项次	检查项目	技术要求	检查方法
1	接地连接	机箱接地线可靠连接到隧道接地汇流排上	目测检查
2△	隧道共用接地电阻	≤1Ω	接地电阻测量仪测量
3	麦克风距基础平台的高度	符合设计要求	卷尺测量
4△	分机音量	≥90dB（A）	在控制台值班话机持续按“0”按键10s，用声级计在扬声器正前方400mm处测量

续表 9.3.2

项次	检查项目	技术要求	检查方法
5△	分机话音质量	话音清晰，无明显断字缺陷	主观评价
6△	呼叫响应性能	响应灵敏	实操检验
7	按键提示	按键提示信息简明易懂	目测
8	噪声抑制	话机通话和广播播放及静态时，要求无嗡嗡声、沙沙声，及振鸣、啸叫等杂音	主观评价
9△	通话呼叫功能	按下通话按键，可呼叫控制台主机	功能验证
10△	地址码显示功能	控制台能显示呼叫位置信息	功能验证
11△	振铃响应	呼叫在控制台有振铃响应	功能验证
12	语音提示功能	呼叫后，话机有等待信号或提示音	功能验证
13	录音功能	控制台可自动录音	功能验证
14	故障报告功能	中心可自动立即显示故障信息	功能验证
15	取消呼叫功能	控制台可取消呼叫	功能验证
16	报告生成、打印功能	系统能自动生成事件、故障、值班记录等报告，并可查询、打印	功能验证
17	定时自检功能	系统能按设定的周期自动检测线路连接、电池、设备的工作状态	功能验证
18△	手动自检功能	系统能手动设置实时检测线路连接、电池、设备的工作状态	功能验证
19	加电自恢复功能	加电后，系统能自动恢复到工作状态	功能验证
20	广播喇叭高度	符合设计要求	卷尺测量
21	广播音量	≥110dB（A）	在广播喇叭正前方1m处，用声级计测量
22	广播声音质量	环境噪声≤90dB时，话音清晰，隧道中能听清广播内容	主观评价
23△	音区切换功能	具有音区多路切换选择广播功能，可进行单音区、多音区广播	功能验证
24	广播节目源选择功能	监控员能实时广播，也可播放已录制的节目	功能验证
25	音量调节功能	可对广播音量的大小进行调节	功能验证
26	循环广播功能	可对指定的节目源循环播放	功能验证

9.3.3 紧急电话与有线广播系统外观质量应符合下列规定：

1 不应存在本标准附录 C 所列限制缺陷。

9.4 环境检测设备

9.4.1 环境检测设备应符合下列基本要求：

1 环境检测设备应符合现行《隧道环境检测设备》（GB/T 26944）等相关标准的规定。

2 环境检测设备及配件的型号规格、数量应符合合同要求，部件完整。

3 环境检测设备及其配置的传感器安装位置应正确，符合设计要求。

4 全部设备安装调试完毕，环境检测设备应处于正常工作状态。

9.4.2 环境检测设备实测项目应符合表 9.4.2 的规定。

表 9.4.2 环境检测设备实测项目

项次	检查项目	技术要求	检查方法
1	控制机箱接地连接	机箱接地线可靠连接到隧道接地汇流排上	目测检查
2△	隧道共用接地电阻	≤1Ω	接地电阻测量仪测量
3	3.1 CO 传感器测量误差	$\pm 1\times10^{-6}$ 或符合设计要求	CO 浓度测量仪比对或查阅相关资料
	3.2 烟雾传感器测量误差	$\pm 0.0002\,m^{-1}$ 或符合设计要求	能见度测量仪比对或查阅相关资料
	3.3 照度传感器测量误差	±2% 或符合设计要求	照度计比对或查阅相关资料
	3.4 风速传感器测量误差	±0.2m/s 或符合设计要求	风速仪比对或查阅相关资料
	3.5 风向传感器测量误差	正、反向方向正确或符合设计要求	标准方位盘比对或查阅相关资料
4△	数据采集功能	具有采集 CO、烟雾、照度、风速、风向等数据的功能	功能验证
5△	数据上传周期	符合设计要求	实操检验
6	与风机、照明等设备的联动功能	符合设计要求	功能验证

9.4.3 环境检测设备外观质量应符合下列规定：

1 不应存在本标准附录 C 所列限制缺陷。

9.5　手动火灾报警系统

9.5.1　手动火灾报警系统应符合下列基本要求：

1　手动火灾报警系统设备及配件的型号规格、数量应符合合同要求，部件完整。

2　手动火灾报警系统设备安装位置应正确，符合设计要求。

3　全部设备安装调试完毕，系统应处于正常工作状态。

9.5.2　手动火灾报警系统实测项目应符合表9.5.2的规定。

表9.5.2　手动火灾报警系统实测项目

项次	检查项目	技术要求	检查方法
1	火灾报警主机接地连接	机箱接地线可靠连接到隧道接地汇流排上	目测检查
2△	隧道共用接地电阻	≤1Ω	接地电阻测量仪测量
3	隧道管理站警报器音量	90～120dB（A）或符合设计要求	声级计测量
4	报警信号输出	能将报警器位置信息传送到隧道管理站	实操检验
5△	报警按钮与警报器的联动功能	按下报警按钮后能触发警报器启动	功能验证

9.5.3　手动火灾报警系统外观质量应符合下列规定：

1　不应存在本标准附录C所列限制缺陷。

9.6　自动火灾报警系统

9.6.1　自动火灾报警系统应符合下列基本要求：

1　火灾探测器、火灾报警器等设备应符合国家或行业现行相关标准的规定。

2　自动火灾报警系统设备及配件的型号规格、数量应符合合同要求，部件完整。

3　自动火灾报警系统设备安装位置应正确，符合设计要求。

4　全部设备安装调试完毕，系统应处于正常工作状态。

9.6.2　自动火灾报警系统实测项目应符合表9.6.2的规定。

表9.6.2　自动火灾报警系统实测项目

项次	检查项目	技术要求	检查方法
1	火灾报警主机接地连接	机箱接地线可靠连接到隧道接地汇流排上	目测检查
2△	隧道共用接地电阻	≤1Ω	接地电阻测量仪测量

续表 9.6.2

项次	检查项目	技术要求	检查方法
3△	火灾探测器自动报警响应时间	≤60s	实操检验（火盆法）
4△	火灾探测器灵敏度	可靠探测火灾，不漏报。并能将探测数据传送到火灾控制器和上端计算机	实操检验
5	故障报警功能	火灾探测器、通信链路断路或火灾报警主机电源断电时，上端计算机能够报警	功能验证

9.6.3 自动火灾报警系统外观质量应符合下列规定：

1 不应存在本标准附录 C 所列限制缺陷。

9.7 电光标志

9.7.1 电光标志应符合下列基本要求：

1 电光标志设备及配件的型号规格、数量应符合合同要求，部件完整。

2 电光标志设备安装位置应正确，符合设计要求。

3 全部设备安装调试完毕，电光标志应处于正常工作状态。

9.7.2 电光标志实测项目应符合表 9.7.2 的规定。

表 9.7.2 电光标志实测项目

项次	检查项目	技术要求	检查方法
1	控制机箱接地连接	机箱接地线可靠连接到隧道接地汇流排上	目测检查
2△	隧道共用接地电阻	≤1Ω	接地电阻测量仪测量
3	电光标志的亮度	疏散指示标志为 5～300cd/m^2，其他电光标志的白色部分为 150～300cd/m^2	亮度计测量

9.7.3 电光标志外观质量应符合下列规定：

1 不应存在本标准附录 C 所列限制缺陷。

9.8 发光诱导设施

9.8.1 发光诱导设施应符合下列基本要求：

1 发光诱导设施设备应符合现行《公路隧道发光型诱导设施》（JT/T 820）等相关标准的规定。

2　发光诱导设施设备及配件的型号规格、数量应符合合同要求，部件完整。

3　发光诱导设施设备安装位置应正确，符合设计要求。

4　全部设备安装调试完毕，发光诱导设施应处于正常工作状态。

9.8.2　发光诱导设施实测项目应符合表 9.8.2 的规定。

表 9.8.2　发光诱导设施实测项目

项次	检查项目	技术要求	检查方法
1△	绝缘电阻	强电端子对机壳≥50MΩ	500V 绝缘电阻测试仪测量
2	控制机箱接地连接	机箱接地线可靠连接到隧道接地汇流排上	目测检查
3△	隧道共用接地电阻	≤1Ω	接地电阻测量仪测量
4△	控制功能	可手动控制诱导设施的启动、停止	功能验证

9.8.3　发光诱导设施外观质量应符合下列规定：

1　不应存在本标准附录 C 所列限制缺陷。

9.9　可变标志

9.9.1　可变标志分项工程的检验评定应按本标准第 4.4 节执行。

9.10　隧道视频交通事件检测系统

9.10.1　隧道视频交通事件检测系统应符合下列基本要求：

1　隧道视频交通事件检测系统设备应符合现行《视频交通事件检测器》(GB/T 28789)等相关标准的规定。

2　隧道视频交通事件检测系统设备及配件的型号规格、数量应符合合同要求，部件完整。

3　设备列架、机架接地应良好。

4　全部设备安装调试完毕，系统应处于正常工作状态。

9.10.2　隧道视频交通事件检测系统实测项目应符合表 9.10.2 的规定。

表 9.10.2　隧道视频交通事件检测系统实测项目

项次	检查项目	技术要求	检查方法
1	中心设备接地连接	保护地、防雷地的接地连接线可靠连接到接地汇流排上	目测检查，必要时用接地电阻测量仪测量
2	事件检测率	符合设计要求，无要求时：在隧道照明设施正常开启条件下≥90%	现场模拟事件进行测量或播放标准事件源视频测量

续表 9.10.2

项次	检查项目	技术要求	检查方法
3△	典型事件检测功能	具备停止、逆行、行人、抛撒物、烟雾等事件检测功能，系统自动进行检测并输出检测数据，有报警信息提示	功能验证
4	自动录像功能	系统自动捕获并存储交通事件发生过程的影像，能按要求设定记录时间	功能验证
5	自诊断和报警功能	视频信号丢失、系统设备故障、网络通信故障等情况发生时，系统能自诊断、记录并告警	功能验证
6	时钟同步功能	与监控系统或通信系统主时钟进行同步	与主时钟进行比对

9.10.3 隧道视频交通事件检测系统外观质量应符合下列规定：

1 不应存在本标准附录 C 所列限制缺陷。

9.11 射流风机

9.11.1 射流风机应符合下列基本要求：

1 射流风机设备及配件的型号规格、数量应符合合同要求，部件完整。

2 射流风机安装支架的结构尺寸、预埋件、安装方位、安装间距等应符合设计要求，并附风机预埋件抗拉拔能力的检验报告。

3 射流风机安装应牢固，风机防护罩完好。

4 全部设备安装调试完毕，射流风机应处于正常工作状态。

9.11.2 射流风机实测项目应符合表 9.11.2 的规定。

表 9.11.2 射流风机实测项目

项次	检查项目	技术要求	检查方法
1△	净空高度	符合设计要求	经纬仪测量
2△	控制柜防腐涂层厚度	符合设计要求，无要求时符合现行 GB/T 18226 的规定	涂层测厚仪测量
3△	绝缘电阻	强电端子对机壳≥50MΩ	500V 绝缘电阻测试仪测量
4	控制机箱接地连接	机箱接地线可靠连接到隧道接地汇流排上	目测检查
5△	隧道共用接地电阻	≤1Ω	接地电阻测量仪测量
6△	风机运转时隧道断面平均风速	符合设计要求	风速仪测量

续表 9.11.2

项次	检查项目	技术要求	检查方法
7	风机全速运转时隧道噪声	符合设计要求	声级计测量
8	响应时间	发送控制命令后至风机启动带动叶轮开始转动时的时间≤5s，或符合设计要求	秒表测量
9	方向可控性	能手动、自动控制风机改变送风方向	实操检验
10	运行方式	风机具有手动、自动两种运行方式	实操检验
11	远程控制模式	自动运行方式下，通过标准串口，接收本地控制器或隧道管理站的信息，控制风机启动、停止和送风方向	实操检验

9.11.3 射流风机外观质量应符合下列规定：

1 不应存在本标准附录 C 所列限制缺陷。

9.12 轴流风机

9.12.1 轴流风机应符合下列基本要求：

1 轴流风机设备及配件的型号规格、数量应符合合同要求，部件完整。

2 轴流风机安装应牢固、方位正确。

3 全部设备安装调试完毕，轴流风机应处于正常工作状态。

9.12.2 轴流风机实测项目应符合表 9.12.2 的规定。

表 9.12.2 轴流风机实测项目

项次	检查项目	技术要求	检查方法
1△	控制柜防腐涂层厚度	符合设计要求，无要求时符合现行 GB/T 18226 的规定	涂层测厚仪测量
2△	绝缘电阻	强电端子对机壳≥50MΩ	500V 绝缘电阻测试仪测量
3	控制机箱接地连接	机箱接地线可靠连接到隧道接地汇流排上	目测检查
4△	隧道共用接地电阻	≤1Ω	接地电阻测量仪测量
5△	风机运转时隧道断面平均风速	符合设计要求	风速仪测量
6	风机机房环境噪声	符合设计要求	声级计测量
7	响应时间	发送控制命令后至风机启动带动叶轮开始转动时的时间≤5s，或符合设计要求	秒表测量

续表 9.12.2

项次	检 查 项 目	技 术 要 求	检 查 方 法
8	风阀启闭功能	符合设计要求	实操检验
9	运行方式	风机具有手动、自动两种运行方式	实操检验
10	远程控制模式	自动运行方式下，通过标准串口，接收本地控制器或隧道管理站的信息，控制风机启动、停止和送、排风方向	实操检验
11	风速调节功能	接收手动、自动控制信号调节通风量	功能验证
12	叶片角度调节和控制功能	风机静止时，叶片角度可以进行调节和控制，能显示叶片的实际角度	功能验证
13	风道开闭功能	风道设有开关装置，能对风道进行全开、全闭	功能验证

9.12.3 轴流风机外观质量应符合下列规定：

1 不应存在本标准附录 C 所列限制缺陷。

9.13 照明设施

9.13.1 照明设施应符合下列基本要求：

1 照明设备及配件的型号规格、数量应符合合同要求，部件完整。

2 照明灯具安装支架的结构尺寸、预埋件、安装方位、安装间距等应符合设计要求。

3 全部设备安装调试完毕，照明设施应处于正常工作状态。

9.13.2 照明设施实测项目应符合表 9.13.2 的规定。

表 9.13.2 照明设施实测项目

项次	检 查 项 目	技 术 要 求	检 查 方 法
1△	绝缘电阻	强电端子对机壳≥50MΩ	500V 绝缘电阻测试仪测量
2	控制机箱接地连接	机箱接地线可靠连接到隧道接地汇流排上	目测检查
3△	隧道共用接地电阻	≤1Ω	接地电阻测量仪测量
4△	路面平均亮度（入口段、过渡段、中间段、出口段）	符合设计要求	亮度计测量
5△	紧急停车带路面平均亮度	符合设计要求	亮度计测量
6	紧急停车带显色指数	符合设计要求，无要求时：≥80	光谱辐射计测量
7△	路面亮度总均匀度	符合设计要求，无要求时：≥0.3	亮度计测量

续表 9.13.2

项次	检 查 项 目	技 术 要 求	检 查 方 法
8	路面亮度纵向均匀度	符合设计要求，无要求时：≥0.5	亮度计测量
9	照明相关色温	符合设计要求，无要求时：≤6 500K	光谱辐射计测量
10	基本照明折减 50%（20%）的情况下，照明显色指数	≥65	光谱辐射计测量
11	路墙亮度比	路面左、右两侧墙面 2m 高范围内的平均亮度不小于路面平均亮度的 60%	亮度计测量
12	灯具开闭可调	各照明回路组的启动时间、间隔可调	实操检验
13△	照明控制方式	具有自动、手动两种控制方式或符合设计要求	实操检验
14△	应急照明	主供电回路断电时，应急照明灯能自动开启	实操检验
15	照明灯具调光功能	采用 LED 灯、无极荧光灯做照明灯具的隧道，具有手动或自动调节灯具发光亮度的功能	功能验证

9.13.3　照明设施外观质量应符合下列规定：

1　不应存在本标准附录 C 所列限制缺陷。

2　照明灯具安装稳固、位置正确，灯具轮廓线形与隧道协调、美观。

9.14　消防设施

9.14.1　消防设施应符合下列基本要求：

1　消防设施的消防控制器、消火栓、灭火器、加压设施、供水设施及消防专用连接线缆、管道、配（附）件等设备应符合国家或行业现行相关标准的规定。

2　消防设施设备及配件的型号规格、数量应符合合同要求，部件完整。

3　消防设施设备的安装支架、预埋锚固件、预埋管线、隧道内安装孔位、安装间距等应符合设计要求。

4　明装的线缆、管道保护措施应符合设计要求。

5　所有设备应安装到位、方位正确、不侵入公路建筑限界。

6　全部设备安装调试完毕，消防设施应处于正常工作状态。

9.14.2　消防设施实测项目应符合表 9.14.2 的规定。

表 9.14.2　消防设施实测项目

项次	检 查 项 目	技 术 要 求	检 查 方 法
1	加压设施气压	符合设计要求	读取气压表数据
2	供水设施水压	符合设计要求	读取水压表数据
3	消防水池的有效容量	符合设计要求	卷尺测量
4	消防水池的水位显示功能	设置本地水位显示装置，并能将水位信息传送到隧道管理站计算机系统	功能验证
5	消火栓的功能	打开阀门后在规定的时间内达到规定的流量	功能验证
6	水成膜泡沫灭火装置的功能	符合设计要求	功能验证
7	电伴热的功能	符合设计要求	功能验证
8	人行横通道防火门的功能	正常情况为关闭状态，开启方向为疏散方向，能在门两侧开启，且具有自动关闭功能	功能验证
9	车行横通道防火卷帘的功能	能现场和远程控制卷帘的开闭，隧道管理站可监视卷帘的开闭状态	功能验证
10	火灾探测器与自动灭火设施的联动功能	符合设计要求	功能验证或核查施工记录、历史记录

9.14.3　消防设施外观质量应符合下列规定：

1　不应存在本标准附录 C 所列限制缺陷。

2　消防水池注水到位，管路畅通，管路、管件防腐处理合格。

9.15　本地控制器

9.15.1　本地控制器应符合下列基本要求：

1　本地控制器设备及配件的型号规格、数量应符合合同要求，部件完整。

2　本地控制器安装位置应正确、不侵入公路建筑限界。

3　明装的线缆保护措施应符合设计要求。

4　本地控制器至控制中心以及隧道内下端设备的保护线、信号线、电力线的连接应符合设计要求。线缆排列应规整、无交叉拧绞，标识完整、清楚。

5　全部设备安装调试完毕，本地控制器应处于正常工作状态。

9.15.2　本地控制器实测项目应符合表 9.15.2 的规定。

表 9.15.2　本地控制器实测项目

项次	检查项目	技术要求	检查方法
1	安装水平度、竖直度	水平：±3mm/m；垂直：±3mm/m	竖直度测量仪测量
2△	机箱防腐涂层厚度	符合设计要求，无要求时符合现行GB/T 18226的规定	涂层测厚仪测量
3△	绝缘电阻	强电端子对机壳≥50MΩ	500V 绝缘电阻测试仪测量
4	机箱接地连接	机箱接地线可靠连接到隧道接地汇流排上	目测检查
5△	隧道共用接地电阻	≤1Ω	接地电阻测量仪测量
6	IP 网络吞吐率	符合设计要求，无要求时 1 518 帧长≥99%	以太网性能测试仪测量
7	IP 网络传输时延	符合设计要求，无要求时：≤10ms	以太网性能测试仪测量
8	IP 网络丢包率	不大于 70% 流量负荷时：≤0.1%	以太网性能测试仪测量
9△	与计算机通信功能	能与隧道管理站计算机正常通信	功能验证
10△	对所辖区域内下端设备控制功能	按设计周期或由隧道管理站控制采集、处理各下端设备的数据	功能验证
11△	本地控制功能	隧道管理站计算机或通信链路故障时，可控制所辖区域内下端设备正常工作	功能验证
12	断电时恢复功能	加电或系统重启动后可自动运行原预设控制方案	功能验证

9.15.3　本地控制器外观质量应符合下列规定：

1　不应存在本标准附录 C 所列限制缺陷。

9.16　隧道管理站设备及软件

9.16.1　隧道管理站设备及软件应符合下列基本要求：

1　所有设备及配件的型号规格、数量应符合合同要求，部件完整。

2　隧道管理站的防雷、水暖、供电、消防等辅助设施应安装调试完毕并正常运行。

3　隧道管理站机房应整洁，通风、照明、环境温湿度条件良好。

4　全部设备安装调试完毕，隧道管理站设备及软件应处于正常工作状态。

5　隧道管理站软件包括系统软件与应用软件，系统软件应合法授权、应提交正式的授权使用证书，应用软件应提供软件开发、测试文件。

9.16.2 隧道管理站设备及软件实测项目应符合表9.16.2的规定。

表9.16.2 隧道管理站设备及软件实测项目

项次	检查项目	技术要求	检查方法
1△	绝缘电阻	强电端子对机壳≥50MΩ	500V绝缘电阻测试仪测量
2△	系统设备安装连接的可靠性	系统设备安装连接可靠，经振动试验后系统无告警、错误动作	在振动状况（用橡皮榔头适当敲击）下连续观察15min
3	接地连接	保护地、防雷地的接地连接线可靠连接到接地汇流排上	目测检查，必要时用接地电阻测量仪测量
4△	共用接地电阻	≤1Ω	接地电阻测量仪测量
5	与本地控制器的通信功能	能与本地控制器正常通信	功能验证
6	与监控中心计算机通信功能	数据传输准确	功能验证
7	服务器功能	完成网管、数据备份、资源共享及设计要求的其他功能	功能验证
8	中央管理计算机功能	按设计要求协调和管理其他计算机	功能验证
9	交通控制计算机功能	接收下端车辆检测器传送的信息，执行设计制定的控制预案	功能验证
10	通风照明计算机功能	接收下端环境检测设备传送的信息，执行设计制定的控制预案	功能验证
11	火灾报警控制计算机功能	接收下端火灾报警控制器传送的信息，执行设计制定的控制预案	功能验证
12	图像控制计算机的功能	能切换、控制CCTV图像，并在大屏幕上显示	功能验证
13	紧急电话控制台功能	能对下端分机的呼叫进行应答	功能验证
14△	报表统计管理及打印功能	隧道管理站计算机系统可迅速、正确地查询、统计、打印设定的各种报表	功能验证
15	隧道应急预案	符合设计要求	实操检验

9.16.3 隧道管理站设备及软件外观质量应符合下列规定：

1 不应存在本标准附录C所列限制缺陷。

2 管理站内操作台、座椅、设备等整齐、有序，标识正确清楚。

9.17　隧道管理站计算机网络

9.17.1　隧道管理站计算机网络分项工程的检验评定应按本标准第4.9节执行。

9.18　供配电设施

9.18.1　供配电设施分项工程的检验评定应按本标准第7章执行。

附录 A　机电工程分项工程划分表

A. 0. 1　表 A. 0. 1 给出了公路机电工程的层次结构和抽样单位，检验评定时应按此表对整个工程进行统计并抽样。

表 A. 0. 1　机电工程分项工程划分表

单位工程	分部工程	分项工程	抽样单位	备注
机电工程	4　监控设施	4.1　车辆检测器	控制机箱	
		4.2　气象检测器	控制机箱	
		4.3　闭路电视监视系统	外场设备以摄像机为抽样单位，室内设备以中心（分中心）为抽样单位	
		4.4　可变标志	外场设备	
		4.5　道路视频交通事件检测系统	中心处理器板卡	
		4.6　交通情况调查设施	控制机箱	
		4.7　监控（分）中心设备及软件	监控（分）中心	
		4.8　大屏幕显示系统	一个完整屏幕	
		4.9　监控系统计算机网络	网络性能以中心为抽样单位，网线性能以条为抽样单位	
	5　通信设施	5.1　通信管道工程	以 1 000m 为抽样单位，人（手）孔按个抽样	
		5.2　通信光缆、电缆线路工程	中继段	交工验收质量检查全部中继段，各中继段检查总光缆芯数的 10%，不少于 3 个测点
		5.3　同步数字体系（SDH）光纤传输系统	通信站、中心的 ADM、OLT、ONU	
		5.4　IP 网络系统	通信中心、站	
		5.5　波分复用（WDM）光纤传输系统	通信中心、站	

续表 A.0.1

单位工程	分部工程	分项工程	抽样单位	备注
机电工程	5　通信设施	5.6　固定电话交换系统	通信中心	
		5.7　通信电源系统	通信中心、站	
	6　收费设施	6.1　入口混合车道设备及软件	收费车道	
		6.2　出口混合车道设备及软件	收费车道	
		6.3　ETC 专用车道设备及软件	收费车道	
		6.4　ETC 门架系统	ETC 门架	
		6.5　收费站设备及软件	收费站	交工验收质量检查 50%，不少于 3 个测点
		6.6　收费分中心设备及软件	收费分中心	全部检查
		6.7　联网收费管理中心（收费中心）设备及软件	收费中心	
		6.8　IC 卡发卡编码系统	收费中心	全部检查
		6.9　内部有线对讲及紧急报警系统	收费站	
		6.10　超限检测系统	车道	
		6.11　闭路电视监视系统	外场设备以摄像机为抽样单位，室内设备以站为抽样单位	
		6.12　收费站区光缆、电缆线路工程	中继段	交工验收质量检查全部中继段，各中继段检查总光缆芯数的 10%，不少于 3 个测点
		6.13　收费系统计算机网络	网络性能以中心（站）为抽样单位，网线性能以条为抽样单位	
	7　供配电设施	7.1　中压配电设备	配电站	
		7.2　中压设备电力电缆	配电箱	
		7.3　中心（站）内低压配电设备	配电站	
		7.4　低压设备电力电缆	π 接柜	
		7.5　风/光供电系统	控制机箱	
		7.6　电动汽车充电系统	充电桩	
		7.7　电力监控系统	监控中心	

续表 A. 0. 1

单位工程	分部工程	分 项 工 程	抽 样 单 位	备　注
机电工程	8 照明设施	8. 1 路段照明设施	灯具以灯杆为抽样单位，亮度指标以两灯杆间距为单位测点	
		8. 2 收费广场照明设施	收费广场	
		8. 3 服务区照明设施	服务区	
		8. 4 收费天棚照明设施	收费车道	
	9 隧道机电设施	9. 1 车辆检测器	同 4. 1	
		9. 2 闭路电视监视系统	同 4. 3	
		9. 3 紧急电话与有线广播系统	外场分机	
		9. 4 环境检测设备	控制机箱	
		9. 5 手动火灾报警系统	报警按钮	
		9. 6 自动火灾报警系统	报警主机	
		9. 7 电光标志	灯箱	
		9. 8 发光诱导设施	控制机箱	
		9. 9 可变标志	外场设备	
		9. 10 隧道视频交通事件检测系统	隧道管理站处理器板卡	
		9. 11 射流风机	一组风机	
		9. 12 轴流风机	送风机、排风机	
		9. 13 照明设施	入口段、过渡段、出口段亮度每段测一个测量区域，中间段亮度以每个 100m 段为抽样单位，控制机箱按个抽样	
		9. 14 消防设施	外场设备	
		9. 15 本地控制器	外场设备	
		9. 16 隧道管理站设备及软件	管理站	
		9. 17 隧道管理站计算机网络	网络性能以管理站为抽样单位，网线性能以条为抽样单位	
		9. 18 供配电设施	同 7	

附录 B　工程质量检验评定用表

表 B-1　分项工程质量检验评定表

分项工程名称：　　所属分部工程名称：　　分项工程编号：
工程部位：　　所属单位工程：　　所属建设项目（合同段）：
施工单位：

基本要求		1. 2. …														
实测项目	项次	检查项目	规定值或允许偏差	实测值或实测偏差值										质量评定		
				1	2	3	4	5	6	7	8	9	10	平均值、代表值	合格率（%）	合格判定
外观质量										质量保证资料						
工程质量等级评定																

检验负责人：　　检测：　　记录：　　复核：　　年　月　日

表 B-2　分部工程质量检验评定表

分部工程名称：　　　　　　　　　　分部工程编号：

所属单位工程：　　　　　　　　　　工程部位：

所属建设项目（合同段）：

施工单位：

分项工程			备　注
分项工程编号	分项工程名称	质量等级	

外观质量	
评定资料	
质量等级	
评定意见	

检验负责人：　　　　　　　　记录：　　　　　　　　复核：　　　　　年　　月　　日

表 B-3　单位工程质量检验评定表

单位工程名称：　　　　　　　　单位工程编号：

工程地点、桩号：

所属建设项目（合同段）：

施工单位：

分部工程			备　注
分部工程编号	分部工程名称	质量等级	

外观质量	
评定资料	
质量等级	
评定意见	

检验负责人：　　　　　　　　记录：　　　　　　　　复核：　　　　年　　月　　日

附录 C　机电工程外观质量限制缺陷

C.0.1　机电工程外观质量的限制缺陷应按表 C.0.1 确定。

表 C.0.1　机电工程外观质量限制缺陷

项次	名　　称	限制缺陷
1	外场设备基础	表面的蜂窝、麻面、裂缝等缺陷面积超过该面面积的 1% 或深度超过 10mm，长度超过 20mm 的损边、掉角，裸露金属基体大于 $1cm^2$ 的锈蚀
2	外场机箱外部连接线	金属机箱与接地线未连接，进出线管与箱体连接处未做密封
3	机箱、立柱表面	涂层剥落、表面锈蚀单处面积大于 $1cm^2$ 或总面积大于 $5cm^2$，单个划痕长度大于 5cm 或划痕总长度大于 10cm
4	机箱内部	元器件未固定或固定不牢靠，线缆无标识，无永久性接线图，机箱内有杂物、积水
5	室内外设备及布线	机柜内有杂物，光、电缆排列不整齐、绑扎不牢固，进出线管口未封堵，无标识，电源线、信号线未分开布设、未做保护处理

附录 D　通信管道试通的检验与评定

D. 0. 1　通信管道工程管孔试通检验应符合下列规定：

1　直线管道管孔试通应选用比被试管孔标称直径小 5mm、长 900mm 的拉棒进行；钢材等单孔组群的通信管道，每 5 孔抽试 1 孔，不足 5 孔按 5 孔计。

2　管道在曲率半径小于 36m 时，应选用比被试管孔标称直径小 6mm、长 900mm 的拉棒进行；试通管孔数应每 5 孔抽试 1 孔，不足 5 孔按 5 孔计。

3　有包封的管道管孔试通，检验方法同本条第 1、第 2 款。

D. 0. 2　通信管道工程管孔试通的评定应符合下列规定：

1　管孔试通全部通过本标准第 D. 0. 1 条的规定或不能通过标准拉棒的数量在试通总数（孔段）的 5% 以下，但能通过比标准拉棒直径小 1mm 的，为"合格"。

2　其他为不合格，应由施工单位返修至合格后，再重新进行检验。

本标准用词用语说明

1　本标准执行严格程度的用词，采用下列写法：

1）表示很严格，非这样做不可的用词，正面词采用“必须”，反面词采用“严禁”；

2）表示严格，在正常情况下均应这样做的用词，正面词采用“应”，反面词采用“不应”或“不得”；

3）表示允许稍有选择，在条件许可时首先应这样做的用词，正面词采用“宜”，反面词采用“不宜”；

4）表示有选择，在一定条件下可以这样做的用词，采用“可”。

2　引用标准的用语采用下列写法：

1）在标准总则中表述与相关标准的关系时，采用“除应符合本标准的规定外，尚应符合国家和行业现行有关标准的规定”。

2）在标准条文及其他规定中，当引用的标准为国家标准和行业标准时，表述为“应符合《×××××××》（×××）的有关规定”。

3）当引用本标准中的其他规定时，表述为“应符合本标准第×章的有关规定”、“应符合本标准第×.×节的有关规定”、“应符合本标准第×.×.×条的有关规定”或“应按本标准第×.×.×条的有关规定执行”。

附件

《公路工程质量检验评定标准
第二册　机电工程》

（JTG 2182—2020）

条 文 说 明

1 总则

本章是参照《公路工程质量检验评定标准 第一册 土建工程》（JTG F80/1—2017）第1章的内容，并结合公路机电工程的特点制定的。

1.0.3 按施工单位自检、监理单位抽检、建设单位监督的原则，规定公路机电工程分项工程抽样检查频率：施工单位自检为100%；监理单位抽检不低于30%；检测单位交工质量检测不低于30%，竣工质量鉴定不低于10%。全部检查按从严原则向上取整，当项目测点数为4～10个时抽查3个，少于3个时，全部检查。

3　基本规定

本章是参照《公路工程质量检验评定标准　第一册　土建工程》（JTG F80/1—2017）第3章的内容，并结合公路机电工程的特点制定的。

3.2　工程质量检验

3.2.5　公路机电工程的质量是由设备的生产、运输、仓储、安装、调试等多个环节的质量控制成果决定，机电工程的技术指标参数之间又是由整体设施的系统性协调运行来决定，机电工程质量控制的复杂性、整体性、系统性极其明显、突出，所以相比土建工程，提高机电工程检查项目的合格率要求是必要的。因此，为了保证工程质量，规定公路机电工程关键项目的合格率为100%，一般项目的合格率不低于90%。

3.2.7　质量保证资料是工程施工过程中反映施工质量的真实记录，质量保证资料是否准确、齐全，直接影响单位工程的质量等级评定以及工程运营维护期的维修、改造等。质量保证资料包括的内容较多，本条中的内容是记录影响工程质量关键环节的资料，在质量保证资料核查中需重点关注。本条中的其他需具备的资料除包括施工过程中遇到的非正常情况记录外，还包括按工程实际情况必须具备的相关行业检测验收文件，如隧道和房建的消防验收意见、隧道风机预埋件抗拉拔能力的检验报告、计重收费称台的计量检定证书等。

4 监控设施

4.1 车辆检测器

车速和车流量误差计算，本标准采用相对误差指标，见式（4-1）。

$$相对误差 = \frac{|X - X_0|}{X_0} \times 100\% \tag{4-1}$$

式中：X——被测设备示值，如车速或车流量；

X_0——人工或更高一级检测设备示值，如雷达测速仪测的车速或人工计数的车流量。

在测量车速误差时，是以一辆车为一个样本，按式（4-1）计算每辆车瞬时车速的雷达测速仪测量值与检测器测量值的相对误差，测量完规定的样本量之后，取所有样本的平均值，而不是将所有的被测设备检测速度相加求平均值减去雷达测速仪检测的平均速度。

4.2 气象检测器

气象检测器根据气象检测要素（温湿度、能见度、风速、降水量和干燥、潮湿、积水、积雪、结冰等路面状况）的不同，分为单要素和多要素气象检测器，单要素气象检测器如能见度检测器，多要素气象检测器如能同时检测温湿度、风速风向和降水量的气象检测器。

4.3 闭路电视监视系统

本次修订增加了数字高清电视监视系统的技术要求，传输通道指标参考了《标准清晰度数字电视编码器、解码器技术要求和测量方法》（GY/T 212—2005）、《高清晰度有线数字电视机顶盒技术要求和测量方法》（GY/T 241—2009）、《AVS + 高清编码器技术要求和测量方法》（GY/T 271—2013）等相关标准。

4.4 可变标志

可变标志包括可变信息标志、可变限速标志、LED 车道控制标志、交通信号灯等交通信息提供装置。对可变标志的发光单元色度坐标（x，y），可变信息标志按《高速公路 LED 可变信息标志》（GB/T 23828—2009）要求测量红、绿、蓝、白、黄五种颜色；可变限速标志按《高速公路 LED 可变限速标志》（GB 23826—2009）要求测量红、黄两种颜色；LED 车道控制标志按《LED 车道控制标志》（JT/T 597—2004）要求测量红、绿两种颜色；交通信号灯按《道路交通信号灯》（GB 14887—2011）要求测量红、绿、黄三种颜色。

4.5　道路视频交通事件检测系统

道路视频交通事件检测系统通过对闭路电视监视系统采集的视频图像进行实时分析处理，从而自动检测到道路上发生的交通事件并发出报警信息。本节的检测内容及指标参考了《视频交通事件检测器》（GB/T 28789—2012），主要对停止、逆行、行人、抛撒物等事件检测功能、检测率等项目进行了规定。

4.7　监控（分）中心设备及软件

监控室环境条件对监控（分）中心设备及软件能否正常运行影响极大，除了对设备的影响外，还对负责监控任务的工作人员的心理和生理产生影响，如温度过冷或过热会影响人的工作效率和决策能力，将监控中心机房环境条件纳入监控设施检验评定指标参数是提醒建设者对此给予充分重视，为监控中心设备提供一个良好的工作环境，使其稳定、可靠运行。

4.9　监控系统计算机网络

参照《基于以太网技术的局域网系统验收测评规范》（GB/T 21671—2008）的相关规定，对监控系统计算机网络规定了以太网系统性能要求和以太网链路层健康状况检查项目，这两个检查项目的检查对象为局域网系统。

5 通信设施

5.1 通信管道工程

本节参考《通信管道工程施工及验收标准》（GB/T 50374—2018）的相关规定而制定，主要包括管道地基、管道铺设、回土夯实、人（手）孔、管道掩埋、人（手）孔的位置、分歧形式及内部尺寸、通信管道的横向位置、主管道管孔试通试验、硅芯塑料管孔试通试验、管孔封堵等检查项目，其中部分项目属于隐蔽工程，在隐蔽工程验收和随工验收时要求做好记录。

5.3 同步数字体系（SDH）光纤传输系统

目前，同步数字体系（SDH）光纤传输系统的传输性能主要由误码、抖动、漂移等技术指标来确定。按实际测试经验，只要误码性能符合要求，抖动和漂移性能一般也能符合要求，所以 SDH 的传输质量主要考虑误码性能。本节是用 2M 支路口来反映整个传输系统的误码指标，测试时也要遵循这一原则。

5.4 IP 网络系统

基于 IP 技术的网络系统目前已经得到规模化应用，IP 网络可以是基于 SDH 的 MSTP，也可以是基于 WDM 技术或 ATM 技术。无论 IP 网络基于何种通信技术，IP 网络系统的业务接口是一致的，因此系统也要满足 IP 网络的相关技术要求。实测项目选取遵循的原则是：

（1）实测参数反映端到端的传输链路特性的实际运行情况。

（2）实测参数本身可以对高层应用产生影响，且用户可以感知。

（3）实测参数不依赖于具体的网络技术与拓扑。

（4）实测参数的测量具有可重复性，在相同条件下测量多次能得到相同的测量结果。

（5）实测参数的测量结果对采用相同技术的网络不能表现出差异性，对采用不同技术的网络能表现出差异性。

（6）实测参数的选择需在工程现场便于测量。

依据上述原则，IP 网络系统的实测指标选取了三种类型，主要包括：光接口、网络管理和网络性能。

5.5　波分复用（WDM）光纤传输系统

近几年，基于WDM技术的光纤传输系统在公路通信设施中的应用逐渐规模化，典型的系统就是OTN光传输网。WDM技术的核心是光波分复用，因此实测项目中包括了光波分复用的重点项目，如中心波长、中心频率偏移、边模抑制比、插入损耗、相邻通道隔离度等指标。根据业务接口的不同，WDM若承载SDH业务，则业务性能需符合SDH传输的相关要求，若承载IP业务，则需符合IP网络系统的相关要求。

5.6　固定电话交换系统

目前，固定电话交换网通常基于TDM和软交换两种技术实现，对应的设备种类分别是数字程控交换系统和IP交换系统。信息产业部于2014年将《固定电话交换设备安装工程验收规范》（YD/T 5077—2005）和《固定软交换设备安装工程验收暂行规定》（YD/T 5154—2007）合并修订为《固定电话交换网工程验收规范》（YD 5077—2014），其中原有的YD/T 5077—2005主要适用于基于TDM技术的数字程控交换系统，而原有的YD/T 5154—2007主要适用于基于软交换技术的IP交换系统。无论采用何种交换技术，固定电话交换网的基本功能、性能、可靠性、障碍率、接通率等指标的要求具有一致性。同时，软交换系统还有部分指标需要进一步测试，如软交换系统的承载网性能参数和软交换网内端到端语音服务质量等。

软交换网内端到端语音服务质量通常采用主观评分或客观评价的方法，主观评分参考了MOS（平均意见得分）的方法，在工程现场易于实施，通常由不少于3位测试人员进行评分后取平均值。采用客观评价时，使用IP语音电话测试系统的语音质量评价功能测试PSQM平均值或PESQ平均值。

5.7　通信电源系统

通信电源系统一般包括交流供电系统和直流供电系统。通信负荷要求不间断和无瞬变，交流供电系统需配置UPS电源，直流供电系统需配置蓄电池。实测项目是分别针对直流输出供电系统和交流输入供电系统规定的。参照《通信用高频开关电源系统》（YD/T 1058—2015）对部分检查项目进行了调整。而通信站一般与收费站合址建设，共用发电机组和不间断电源，因此相关技术指标在供配电设施中统一进行规定。

6 收费设施

6.1 入口混合车道设备及软件

在全国取消高速公路省界收费站工作的推动下，收费站原有人工车道改造为同时具备 ETC 通行方式和 CPC 卡通行方式的混合车道。本节内容参照《取消高速公路省界收费站总体技术方案》（交公路函〔2019〕320 号）和《取消高速公路省界收费站工程建设方案》（交公路函〔2019〕387 号）制定，覆盖了 ETC 车辆和 CPC 卡车辆通行交易需求。由于部分收费站承载了 ETC 门架系统功能，针对这类收费站的收费车道增加了承载 ETC 门架计费功能检查项目。在进行各种车辆通行交易流程测试时，实车测试的检查方法参照《高速公路联网收费系统实车测试技术指南》（交办公路函〔2020〕291 号）执行。

6.2 出口混合车道设备及软件

对无 CPC 卡、坏卡，CPC 卡内无入口信息或实际车型、车牌与卡内信息不符等车辆，按车牌号、车型等信息计算通行费时，处理流程需符合现行《收费公路联网收费运营和服务规则》的规定。

6.3 ETC 专用车道设备及软件

ETC 专用车道是用于 ETC 车辆通行的专用车道。本节内容参照《收费公路联网电子不停车收费技术要求》（交通运输部公告 2011 年第 13 号）、《取消高速公路省界收费站总体技术方案》（交公路函〔2019〕320 号）和《取消高速公路省界收费站工程建设方案》（交公路函〔2019〕387 号）制定，覆盖了 ETC 车辆正常通行需求。

6.4 ETC 门架系统

在全国取消高速公路省界收费站工作的推动下，各高速公路建设了路段门架和省界门架收费系统，进行 ETC、CPC 卡通行方式的分段计费，实现通行费精准征收。本节内容参照《取消高速公路省界收费站总体技术方案》（交公路函〔2019〕320 号）、《取消高速公路省界收费站工程建设方案》（交公路函〔2019〕387 号）、《高速公路 ETC 门架系统技术要求》（交公路函〔2019〕856号）和《高速公路ETC门架系统及关键设备检测规程》制定，覆盖了ETC车辆和CPC卡车辆通行费分段计费要求以及ETC门架系统安全稳定运行的要求。

6.7　联网收费管理中心（收费中心）设备及软件

随着联网收费技术的发展，各省已经建立联网收费区域中心、联网收费省中心等，实现参数下发、通行费清分记账、通行费结算、通行费划拨等功能。本节内容参照《收费公路联网收费技术要求》（交通部2007年第35号公告）制定。

6.9　内部有线对讲及紧急报警系统

内部有线对讲系统近年来除了仍在使用的传统形式的有线对讲系统外，固定电话系统和IP电话系统也得到了广泛应用，并且收费亭内也安装了监听设备，因此本节增加了语音电话系统和语音侦听功能的内容。

6.10　超限检测系统

为进一步规范高速公路入口治超工作，优化营商环境，更好地保护人民群众生命财产安全，交通运输部下发了《交通运输部办公厅关于进一步规范高速公路入口治超工作的通知》（交办公路〔2019〕29号），本节内容主要参照该通知制定。

6.13　收费系统计算机网络

进行网络安全性能测试时，如设计无要求，需符合《收费公路联网收费系统网络安全管理暂行办法》（交科技发〔2019〕86号）、《联网收费系统省域系统并网接入网络安全基本技术要求》（交科技函〔2019〕338号）、《联网收费系统省域系统并网接入网络安全检测规程》（交办科技函〔2019〕1459号）的规定。

7 供配电设施

7.1 中压配电设备

本次修订增加了中压设备分项工程，本节参照现行《供配电系统设计规范》(GB 50052)、《20kV 及以下变电所设计规范》(GB 50053)、《电力装置的继电保护和自动装置设计规范》(GB/T 50062)、《电气装置安装工程 电气设备交接试验标准》(GB 50150)和《电力设备预防性试验规程》(DL/T 596)等相关标准，并结合公路供配电设施的特点制定。

7.2 中压设备电力电缆

本次修订增加了中压设备电力电缆分项工程，本节参照现行《电力工程电缆设计标准》(GB 50217)、《电气装置安装工程电气设备交接试验标准》(GB 50150)和《电缆的导体》(GB/T 3956)等相关标准，并结合公路供配电设施的特点制定。

检查中要特别注意检查电缆型号规格和设计要求的一致性。外观质量主要是隐蔽工程的检查，现在中压设备电力电缆基本采用地下敷设的方式，采用地下敷设的方式要依据现行《电力工程电缆设计标准》(GB 50217)的要求做好施工。

7.3 中心（站）内低压配电设备

为了避免公路用电的电能质量太差而造成设备损坏、寿命降低和电力浪费，本次修订参照现行《电能质量 供电电压偏差》(GB/T 12325)、《电能质量 电压波动和闪变》(GB/T 12326)、《电能质量 公用电网谐波》(GB/T 14549)、《电能质量 三相电压不平衡》(GB/T 15543)、《电能质量 电力系统频率偏差》(GB/T 15945)等相关标准，对电能质量做出了规定。参数稳压电源、UPS 和 EPS 的实测项目主要参照现行《通信用交流不间断电源（UPS)》(YD/T 1095)和《逆变应急电源》(GB/T 21225)等相关标准制定。

7.4 低压设备电力电缆

本次修订将外场设备电力电缆线路改为低压设备电力电缆，在公路供配电设施中的常见问题是电缆接续或分支时，密封工艺处理不当而导致绝缘失效，所以对电缆做绝缘测试非常重要。

7.5　风/光供电系统

风/光供电系统的实测项目参照现行《离网型通信用风/光互补供电系统》(YD/T 1669)制定，以功能验证为主，输出参数依据设计指标进行检测。

7.6　电动汽车充电系统

电动汽车充电系统的实测项目参照现行《电动汽车传导充电系统》(GB/T 18487)制定，以功能验证为主，输出参数依据设计指标进行检测。

7.7　电力监控系统

电力监控系统的实测项目参照近年来公路电力监控系统设计文件以及实际应用情况确定，主要以功能验证为主。

8 照明设施

8.1 路段照明设施

本节中路段照明设施的路面平均亮度、亮度总均匀度和亮度纵向均匀度等检查项目参照《公路照明技术条件》（GB/T 24969—2010）制定。相比于照度指标，路面亮度及均匀度指标能更为准确、有效地反映公路照明对驾驶人员在行驶状态下识别路况、交通流信息的影响。鉴于高速公路车辆行驶速度较快、交通流量较大，因此有关亮度指标的取值参照《公路照明技术条件》（GB/T 24969—2010）中有关一级路段的要求规定。

本节中的路段照明设施指常规路段照明设施，不包括公路交会区照明设施。公路桥梁作为公路的重要组成部分，技术指标可参照《公路照明技术条件》（GB/T 24969—2010）相关内容，检查方法可采用本节的相关内容。

8.2 收费广场照明设施

收费广场照明设施一般采用高杆照明的形式，在实测项目中增加了高杆照明的检查内容。

收费广场照度及均匀度检查项目参照《公路照明技术条件》（GB/T 24969—2010）中有关收费广场的技术要求制定。

8.3 服务区照明设施

服务区照明一般采用高杆照明的形式，在实测项目中增加了高杆照明的检查内容。

服务区照度及均匀度检查项目参照《公路照明技术条件》（GB/T 24969—2010）中有关服务区的技术要求制定，照度平均值下限选择该标准技术要求的中间值。

8.4 收费天棚照明设施

收费天棚照明设施一般安装在收费天棚下方，因此本节中未规定灯杆的相关检验项目。

根据收费天棚范围内不同区域照明质量需求的不同，收费车道照度总均匀度、亮度总均匀度和纵向均匀度检查项目的技术要求略高于一般路段照明设施的技术要求。

考虑到收费车道范围内对人员、车辆外观，车牌识别的需要，增加了有关车道平均显色指数的检查项目。

9 隧道机电设施

9.2 闭路电视监视系统

9.2.1 隧道内摄像机多选用低照度定焦镜头。本标准第4.3节中的有些控制功能如云台水平转动角度、云台垂直转动角度、调焦功能、变倍功能，以及基础、立柱等检查项目不适用隧道闭路电视监视系统，需要予以注意。

9.3 紧急电话与有线广播系统

目前，隧道内的紧急电话一般都同时安装了有线广播系统，所以本次修订增加了相关检测内容。设备的安装一般是在洞壁预挖的坑洞内，检测时注意设备不能侵入道路界限内。

“分机音量”和“广播音量”两个项目的检查方法，是参照《高速公路有线紧急电话系统》（GB/T 19516—2017）、《声学 环境噪声测量方法》（GB/T 3222—1994）和《风机和罗茨鼓风机噪声测量方法》（GB/T 2888—2008）等相关标准，并结合工程现场实际情况制定的。

9.4 环境检测设备

照度传感器测量误差的技术要求为：±2%或符合设计要求，是指传感器测量值要求在照度计测量值的±2%范围内或符合设计要求。

9.5 手动火灾报警系统

本节主要是按发生火灾时现场人员如何报警编写的，自动火灾报警系统另立一节。

参照现行《火灾声和/或光警报器》（GB 26851），隧道管理站警报器音量项目的检查方法是以警报器为圆心，以3m为半径，在水平和垂直两个平面的半圆上以30°为间隔，从15°到165°的各点分别用声级计测量。

9.6　自动火灾报警系统

功能验证首先能够检测到火灾并启动报警，本次修订增加了对火灾探测器自动报警响应时间的测量，火盆法的试验方法参照现行《公路隧道火灾报警系统技术条件》（JT/T 610）中的相关规定。

9.7　电光标志

电光标志主要指发生火灾时，引导人员撤离到安全地带的疏散指示标志、消防设备指示标志等。实测项目参照现行《公路隧道设计规范　第二册　交通工程与附属设施》（JTG D70/2）制定。

9.8　发光诱导设施

发光诱导设施是指安装在公路隧道内的 LED 发光型诱导设施，起到行车安全诱导的作用。

9.9　可变标志

9.9.1　隧道外的可变标志主要是指可变信息标志和交通信号灯，隧道内的可变标志主要是 LED 车道控制标志和悬挂式可变信息标志。

9.10　隧道视频交通事件检测系统

隧道内的视频交通事件检测系统主要用于检测交通事件，与道路视频交通事件检测系统不同，不包含交通参数检测项目。

9.11　射流风机

射流风机的体积重量很大，且安装在行车道的正上方，其安装质量非常重要，一定要核查预埋件的隐蔽工程施工资料和检测报告。测量风机运转时隧道断面平均风速时，需按设计要求的工况开启风机。

9.12　轴流风机

测量风机运转时隧道断面平均风速时，需按设计要求的工况开启风机。

9.13 照明设施

近年来LED灯具、无极荧光灯等新型照明灯具在公路隧道照明设施中得到了大量应用，针对其性能指标特点和公路隧道照明设施对安全、节能的需求出发，本次修订增加了对照明灯具调光功能的要求。灯具调光功能可以通过手动实现，也可以通过以隧道洞口亮度、隧道车流量等参数作为触发变量自动调节实现。

同时，以公路使用者的视觉感知为评价依据，本次修订增加了对公路隧道照明亮度平均值、亮度总均匀度、纵向均匀度、色温和路墙亮度比等指标的要求。

色温和路墙亮度比主要影响在隧道封闭环境内公路使用者的生理、心理感知。路墙亮度比的计算中，隧道墙面平均亮度的测量方法可参照路面平均亮度的测量方法。

色温指标允许的取值范围较大，但对上限作出了规定，主要是由于当前大功率LED照明灯具产品在追求高光效的时候往往通过提高发射光谱中的蓝光辐射比例，而过高的蓝光成分会显著提高灯具色温，形成冷白光照明环境，影响视觉舒适性。

由于《公路隧道照明设计细则》（JTG/T D70/2-01—2014）中规定：当显色指数≥65，色温介于3 500 ~ 6 500K的LED/单端无极荧光灯用于隧道基本照明时，亮度可按一般亮度标准的50%/80%取值。因此，在设计阶段如果依据该规定采用了亮度折减的照明方案，除色温测量外，还要对照明显色指数进行测量，测量显色指数时要尽量多地选择不同的测量位置，每个测量区域的选点不少于9个。

9.14 消防设施

消防设施的实测项目参照现行《公路隧道设计规范　第二册　交通工程与附属设施》（JTG D70/2）、《建筑设计防火规范》（GB 50016）等相关标准制定。检查重点是各设备的安全保护、用水设施的水压。功能验证主要是消防设施（各种灭火器、消火栓）能够正常工作（自动喷水灭火系统的自动启动，手动灭火设备的灭火功能）。

9.15 本地控制器

本地控制器的安全防护、密封防潮是检查的重点，一方面是靠目测，另一方面要核查产品检测报告。

9.17 隧道管理站计算机网络

9.17.1 以局域网为主要检验对象编写本节，其内容同本标准第4.9节。